中华文化风采录

传统建筑艺术

如画的园林

倪青义 编著

北方妇女儿童出版社
·长春·

图书在版编目(CIP)数据

如画的园林 / 倪青义编著. 一长春 : 北方妇女儿童出版社, 2017.1（2022.8重印）
（传统建筑艺术）
ISBN 978-7-5585-0656-7

Ⅰ. ①如… Ⅱ. ①倪… Ⅲ. ①古典园林－介绍－中国 Ⅳ. ①K928.73

中国版本图书馆CIP数据核字(2016)第311422号

如画的园林
RUHUA DE YUANLIN

出版人 师晓晖
责任编辑 吴 桐
开 本 700mm×1000mm 1/16
印 张 6
字 数 85千字
版 次 2017年1月第1版
印 次 2022年8月第3次印刷
印 刷 永清县晔盛亚胶印有限公司
出 版 北方妇女儿童出版社
发 行 北方妇女儿童出版社
地 址 长春市福祉大路5788号
电 话 总编办：0431-81629600

定 价 36.00元

习近平总书记说："提高国家文化软实力，要努力展示中华文化独特魅力。在5000多年文明发展进程中，中华民族创造了博大精深的灿烂文化，要使中华民族最基本的文化基因与当代文化相适应、与现代社会相协调，以人们喜闻乐见、具有广泛参与性的方式推广开来，把跨越时空、超越国度、富有永恒魅力、具有当代价值的文化精神弘扬起来，把继承传统优秀文化又弘扬时代精神、立足本国又面向世界的当代中国文化创新成果传播出去。"

为此，党和政府十分重视优秀的先进的文化建设，特别是随着经济的腾飞，提出了中华文化伟大复兴的号召。当然，要实现中华文化伟大复兴，首先要站在传统文化前沿，薪火相传，一脉相承，弘扬和发展5000多年来优秀的、光明的、先进的、科学的、文明的和自豪的文化，融合古今中外一切文化精华，构建具有中国特色的现代民族文化，向世界和未来展示中华民族具有独特魅力的文化风采。

中华文化就是中华民族及其祖先所创造的、为中华民族世世代代所继承发展的、具有鲜明民族特色而内涵博大精深的优良传统文化，历史十分悠久，流传非常广泛，在世界上拥有巨大的影响力，是世界上唯一绵延不绝而从没中断的古老文化，并始终充满了生机与活力。

浩浩历史长河，熊熊文明薪火，中华文化源远流长，滚滚黄河、滔滔长江是最直接的源头，这两大文化浪涛经过千百年冲刷洗礼和不断交流、融合以及沉淀，最终形成了求同存异、兼收并蓄的辉煌灿烂的中华文明。

中华文化曾是东方文化的摇篮，也是推动整个世界始终发展的动力。早在500年前，中华文化催生了欧洲文艺复兴运动和地理大发现。在200年前，中华文化推动了欧洲启蒙运动和现代思想。中国四大发明先后传到西方，对于促进西方工业社会形成和发展曾起到了重要作用。中国文化最具博大性和包容性，所以世界各国都已经掀起中国文化热。

中华文化的力量，已经深深熔铸到我们的生命力、创造力和凝聚力中，是我们民族的基因。中华民族的精神，也已深深根植于绵延数千年的优秀文化传统之中，是我们的精神家园。但是，当我们为中华文化而自豪时，也要正视其在近代衰微的历史。相对于5000年的灿烂文化来说，这仅仅是短暂的低潮，是喷薄前的力量积聚。

中国文化博大精深，是中华各族人民5000多年来创造、传承下来的物质文明和精神文明的总和，其内容包罗万象，浩若星汉，具有很强的文化纵深感，蕴含丰富的宝藏。传承和弘扬优秀民族文化传统，保护民族文化遗产，已经受到社会各界重视。这不但对中华民族复兴大业具有深远意义，而且对人类文化多样性保护也有重要贡献。

特别是我国经过伟大的改革开放，已经开始崛起与复兴。但文化是立国之根，大国崛起最终体现在文化的繁荣发展上。特别是当今我国走大国和平崛起之路的过程，必然也是我国文化实现伟大复兴的过程。随着中国文化的软实力增强，能够有力加快我们融入世界的步伐，推动我们为人类进步做出更大贡献。

为此，在有关部门和专家指导下，我们搜集、整理了大量古今资料和最新研究成果，特别编撰了本套图书。主要包括传统建筑艺术、千秋圣殿奇观、历来古景风采、古老历史遗产、昔日瑰宝工艺、绝美自然风景、丰富民俗文化、美好生活品质、国粹书画魅力、浩瀚经典宝库等，充分显示了中华民族厚重的文化底蕴和强大的民族凝聚力，具有极强的系统性、广博性和规模性。

本套图书全景展现，包罗万象；故事讲述，语言通俗；图文并茂，形象直观；古风古雅，格调温馨，具有很强的可读性、欣赏性和知识性，能够让广大读者全面触摸和感受中国文化的内涵与魅力，增强民族自尊心和文化自豪感，并能很好地继承和弘扬中国文化，创造未来中国特色的先进民族文化，引领中华民族走向伟大复兴，在未来世界的舞台上，在中华复兴的绚丽之梦里，展现出龙飞凤舞的独特魅力。

园林之母——拙政园

古典园林——苏州留园

奇秀江南——上海豫园

壶天自春——扬州个园

城市蓬莱——古莲花池

园林之母

拙政园

拙政园位于苏州东北街，它的面积达5.6万平方米，是苏州园林中面积最大的古典山水园林，也是江南园林的代表。

拙政园始建于明代。这个大观园式的古典豪华园林，以其布局的山岛、竹坞、松岗和曲水之趣著称。整个园林竹树野郁、山水弥漫，近乎自然风光，充满浓郁的天然野趣，被誉为“天下园林之典范”。

拙政园与承德避暑山庄、留园、北京颐和园齐名，被称为“我国四大名园”。

诗画隐喻中的明代建筑

1505年至1521年的明代，御史王献臣因官场失意而还乡苏州，购地修建了一处园林，取晋代文学家潘岳《闲居赋》中“灌园鬻蔬，以供朝夕之膳……此亦拙者之为政也”之意，名为“拙政园”。

据史籍记载，王献臣曾委托画家文徵明做最早的设计，并存文徵明的画作《拙政园三十一景图》及手记《王氏拙政园记》和《拙政园图咏》传世，比较完整地勾画出园林的面貌和风格。

拙政园绣绮亭

根据文徵明在《王氏拙政园记》中的描述，一开始建造此园时，文徵明就发觉这块地并不太适合盖相当多的建筑，因为这块土地地质松软，积

拙政园

水弥漫，而且湿气很重。

因此，文徵明以水为主体，辅以植栽，因地制宜设计出了各个景点，并将诗画中的隐喻套进人们的视觉层次中。

园中后来一直留有许多文徵明的对联与诗，其中以“梧竹幽居亭”中的“爽借清风明借月，动观流水静观山”最能代表此园的意境。

此外，园中所栽种的紫藤相传是文徵明亲手种植。由此可以看出文徵明相当喜爱植物，并且，园中超过一半的景色都与植物或植物本身的涵意有关。

当时刚刚建成的拙政园，规模宏大，园内多隙地，中亘积水，浚沼成池，池广林茂，有倚玉轩等建筑。

倚玉轩又称南轩，位于远香堂西侧临池，是四周带廊的三开间小轩，主向朝西，与旱船香洲隔水相

潘岳 西晋文学家，30余岁出为河阳县令，令全县种桃花，遂有“河阳一县花”之典故。潘岳在任上有政绩，被太傅杨骏引为太傅主簿。

御史 我国古代官名。先秦时期，天子、诸侯、大夫、邑宰皆置，是负责记录的史官、秘书官。国君置御史，自秦朝开始，御史专门为监察性质的官职，一直延续到清朝。

拙政园留听阁

望。步下三级石阶向北，即是兰曲平桥，向南有游廊，通向小飞虹廊桥。

这一带曲廊弯环回转，形成一曲尺形的小庭院，院内原先植青竹数十竿，青竹在诗人笔下有碧玉之美称。成园之初，文徵明的《拙政园图咏》中曾有“倚楹碧玉万竿长”之句，轩之得名亦源于此。

小轩东廊直接主厅北边的大月台，与之成犄角之势，是拙政园中部名景之一。

清代的学者曲园居士俞樾当年游园后曾为园主人题写小篆“听香深处”4个字，额悬于轩西向廊内，并评说：

> 吴下名园以拙政园为最，其南一小轩，花光四照，水石俱香，尤为园中胜处。

后来，此匾遗失。小轩在建筑上也颇有特色，为了方便赏景，共有3个出口，除西向主门外，南向、

俞樾（1821年～1907年），字荫甫，自号曲园居士，浙江德清人。清末著名学者、文学家、经学家、古文字学家、书法家，曾任翰林院编修。后罢官，移居苏州，潜心学术。治学以经学为主，旁及诸子学、史学、训诂学，乃至戏曲、诗词、小说、书法等，可谓博大精深。

东向的轩廊上均有出入口，堪称处处邻虚。屋顶为歇山构造，曲线优美，歇山山花探入水面，从对岸山岛看来，其倒影上下相衔，分外姣好。

王献臣所建的整个园林竹树野郁，山水弥漫，近乎自然风光，充满浓郁的天然野趣。王献臣死后，其子将园卖给了徐佳。徐佳是紫芝园主徐封之弟，也是另一名园“东园”主人徐泰时的堂叔父。

拙政园被徐佳所得后，徐佳以己意增损其中的建筑和布局，使园林失去了原本的意蕴。此后，徐氏家族在拙政园居住长达百余年之久。后来，徐氏家族衰落，拙政园也逐渐荒废了。

到了1631年，已破落近30年并荡为丘墟的拙政园东部园林为刑部侍郎王心一购得。王心一善画山水，他购买到这片土地后，开始悉心经营，布置丘壑，在1635年落成，取名为“归园田居”，从此，拙政园便成了两个相对独立的园林。

小篆 秦始皇统一六国后，在秦国原来使用的大篆籀文的基础上，进行简化、创制的统一文字汉字书写形式。由于篆书其字体优美，始终被书法家所青睐，又因为其笔画复杂，形式奇古，而且可以随意添加曲折，所以古代印章刻制上，尤其是需要防伪的官方印章，一直采用篆书。

拙政园奇石

李白（701年～762年），字太白，号青莲居士。李白与杜甫合称“李杜”。我国唐朝诗人，有“诗仙”“诗侠”“酒仙”“谪仙人”等称呼，是我国历史上公认最杰出的浪漫主义诗人。其作品天马行空，浪漫奔放，意境奇异，才华横溢；诗句如行云流水，宛若天成。

王心一所设计的“归园田居”大致位于存留下来的拙政园东园。园的入口设在南端，经门廊、前院，穿过兰雪堂，即可进入园内。

据史料记载，当时东园中为涵青池，池北为主要建筑兰雪堂，周围以桂、梅、竹屏之。

兰雪堂是拙政园东部的主要厅堂，堂名取意于李白“独立天地间，清风洒兰雪”的诗句。

据园主王心一《归园田居》记载，最初的兰雪堂为五楹草堂，东西桂树为屏，其后则有山如幅，纵横皆种梅花。梅之外有竹，竹临僧舍，旦暮梵声，时从竹中来，环境幽僻。

堂前两棵白皮松苍劲古拙，墙边修竹苍翠欲滴，湖石玲珑，绿草夹径，东西院墙相连。

存留下来的兰雪堂为三开间，坐北朝南，“兰雪堂”匾额高挂，长窗落地，堂正中有屏门相隔。屏

■拙政园美景

门南面为一幅漆雕《拙政园全景图》，北面为《翠竹图》，全部采用苏州传统的漆雕工艺，屏门两边的隔扇裙板上刻有人物山水。

拙政园内亭阁

涵青池池南及池左，有缀云峰和联壁峰。山峰高耸在绿树竹荫中，山西北双峰并立，取名“联璧”。

缀云峰的形态自下而上逐渐壮大，其巅尤伟，如云状，岿然独立，旁无支撑，此峰苔藓斑驳，藤蔓纷披，不乏古意。

峰下有洞，为“小桃源”。步游入洞，如渔郎入桃源，桑麻鸡犬，别成世界。

芙蓉榭建于水边，屋顶为卷棚歇山顶，四角飞翘，一半建在岸上，一半伸向水面，灵空架于水波上，伫立水边，秀美倩巧。

拙政园的芙蓉榭面临广池，池水清清，是夏日赏荷的好地方。漫步芙蓉榭，凭栏四顾，可见满池青翠，粉黛出水，风流丽质似亭亭玉立的仙子在碧波中美目流盼，微风骤起，掀起一片绿浪，送来阵阵荷香，意境非常优美。

放眼亭为拙政园东部的最高点。登放眼亭，远可望园外闹市，近可观园内山水楼台。在园主王心一的《归园田居》中有这样的描述：

渡涧盘旋而上，是为紫逻山，以言其石之色也。上有五峰，曰紫盖，曰明霞，曰赤笋，曰含华，曰半莲，又谓之五峰山，有亭曰放眼。

这样的文字像图解说明，如数家珍。虽然文中的五峰早已消失，而放眼亭一直浮在山顶，像一面不倒的旗帜。

东园西北土阜上是由黑松、枫树和杨树组成的树林，林西为秋香馆。秋香馆原为秋香楼，秋香楼早已颓圮，存留下来的秋香馆成了园林的茶室。

秋香馆为单檐歇山顶结构，其面阔5间。屋柱都移在外部，形成围廊，两侧有短窗，前后正中设落地长窗。

馆内落地长窗裙板及夹堂板上，刻有48幅黄杨木戏文浮雕。图案为明代风格，有“状元及第”“洞房花烛”等场景，还有《西厢记》中的“张生跳墙会莺莺”“莺莺拜月”“拷红”“长亭送别”等，雕镂精细，层次丰富，栩栩如生。西面有一道倚墙的复廊，上有漏窗透景，又以洞门数处与中区相通。

阅读链接

拙政园最早的设计者文徵明是明代著名山水画家，“吴门画派”的领袖，他在我国山水画史上具有重要的影响。

在文氏的山水画作品中，以园林为题材的创作占有很大比重，这与明代苏州园林文化的影响以及文氏个人以“造化为师”的艺术创作思想不无关系。

在文徵明的园林题材绘画作品中，《拙政园三十一景图》堪称精品。在这幅图册中，对当时拙政园中的各个景点进行了非常细致的刻画，画后均题诗一首，与所画内容相得益彰。

图册中的拙政园以水景为主，园内建筑稀疏，是一座茂树曲池，接近天然风光的自然园林。

分家后复园的山水美景

1648年，当时拙政园主园的园主为徐佳第五代后人，他将拙政园售予了清代大学士陈之遴。之后，陈之遴重新修葺了拙政园。

与陈之遴为儿女亲家的吴伟业在他的诗作《咏拙政园山茶花》中赞道：

苏州拙政园

拙政园走廊

有宝珠山茶三四株，交柯合理，得势争高，每花时，钜丽鲜妍，纷被照瞩，为江南所仅见。

并在诗中赞美道：

艳如天孙织云锦，赪如姹女烧丹砂，
吐如珊瑚缀火齐，映如蟒蛛凌朝霞。

大学士 我国古代的官职名称。唐代曾置昭文馆、集贤殿和崇贤馆大学士，后皆由宰相兼领。宋初，沿唐制，宰相分兼昭文馆、集贤殿大学士，其后又置观文殿、贤政殿大学士。明代废宰相设置内阁制，内中官员皆称大学士。明清时期又称为中堂。

后来陈之遴获罪被谪至辽东，1662年，拙政园被没收为官产。后来，拙政园又被还予了陈之遴家。陈之遴之子又将园林卖给了王永宁。

王永宁购得拙政园后，开始大兴土木，易置丘壑。经过此次大修后，拙政园的面貌与文徵明的图记中所述已大不相同。

重建后，园内有斑竹厅和娘娘厅，为王永宁居处。又有楠木厅，列柱100多根，石础直径达1米左右，高齐人腰，柱础所刻皆升龙。还有白玉龙凤鼓墩，都是珍贵的宝物。

当时，王永宁常在园内举行盛宴，令家姬演剧，时人有“素娥几队出银屏，十斛珍珠满地倾”之句。后来，王永宁因故身亡，家产被没收，雕龙柱及楠木柱等尽被运送到京师，拙政园便颓圮衰败了。

1679年，拙政园改为苏松常道新署，当时的参议祖泽深将园修葺一新，增置堂三楹。

1684年，康熙帝南巡曾来此园，同年编成的《长洲县志》中写道：

> 廿年来数易主，虽增葺壮丽，无复昔时山林雅致矣。

升龙 我国古代关于龙的一种图案，一般用于浮雕。升龙的头部在上方，呈升起的动势。龙头往左上方飞升，称“左侧升龙”，龙头往右上方飞升，称“右侧升龙”。升龙又有缓急之分，升起较缓者，称“缓升龙”，升起较急者，则称“急升龙”。

狮子林建筑

苏松常道 我国古代官名，又称苏松道。清初设兵巡道，管辖苏州、松江两府，驻地太仓州，后改为苏松常道，管辖苏州、松江、常州3府。乾隆年间改名为苏松太道。一般全称为分巡苏松太兵备道，或称苏松太仓道，因驻地在上海县并兼理江海关，又简称为上海道、沪道、江海关道、关道等。

拙政园自苏松常道署裁撤后，开始逐渐散为民居，先由王皋闻、顾璧斗两富室购得，后总戎严公伟亦居于此。

在1736年左右，拙政园又被分为中部的“复园”和西部的“书园”两部分，再加上早已分离出去的东部“归园田居”，最初浑然一体、统一规划的拙政园，演变为相互分离、自成格局的3个园林了。

此时，中部的复园归蒋棨所有。当时园内荒凉满目，经过蒋氏多年经营，才逐渐恢复了原来的规模。“复园”面积为10 000多平方米，其中水面占1/3，为全园精华之所在，虽历经变迁，但园林的布局基本上延续了明代的格局。

“复园”中水面有分有聚，临水建有形体各不相同，楼台亭榭位置参差错落。

从《拙政园图》和《八旗奉直会馆图》中可以看

拙政园内亭榭

■拙政园“远香堂”

到，曾经的海棠春坞、听雨轩、玲戏馆、枇杷园和小飞虹、小沧浪、听松风处、香洲、玉兰堂等庭院，与存留下来的拙政园中部建筑毫无二致。

远香堂是“复园”的主体建筑。远香堂主厅为宴饮宾客之所，四面长窗通透，可环览园中景色。

厅北有临池平台，池中有东西两座假山。西山上有雪香云蔚亭。亭子上与远香堂正对的两根柱子上挂有文徵明手书的对联：

蝉噪林愈静；
鸟鸣山更幽。

亭的中央是元代诗人倪瓒所书的“山花野鸟之间”题额，东山上有待霜亭。在两座山之间以溪桥相连接，山上到处都是花草树木，岸边则有众多的灌

八旗 清太祖努尔哈赤正式创立，初建时设黄旗、白旗、红旗和蓝旗四旗。后来因人数增多，又将四旗改为正黄、正白、正红和正蓝，并增设镶黄、镶白、镶红和镶蓝四旗，合称八旗，统率满、蒙、汉族军队，他们是清朝的主要军事力量。

木，使得这里到处都是一派生机。

远香堂的东面，有一座小山，小山上有“绿绮亭”“枇杷园”“玲珑馆”“嘉实亭”“听雨轩”“梧竹幽居”“海棠春坞”等众多建筑。

听雨轩在远香堂的东南方，与周围的建筑用曲廊相接。轩前有一泓清水，水内植有荷花。池边有芭蕉、翠竹，轩后也种植一丛芭蕉，前后相映。

这里芭蕉、翠竹、荷叶都有，无论春夏秋冬，雨点落在不同的植物上，加上听雨人的心态各异，就能听到各具情趣的雨声。因此，多少年来，在这里听雨的人们都会感到境界绝妙，别有韵味。

荷风四面亭位于远香堂北方，亭建于水池中央，亭的西面有一座曲桥通向柳荫路曲。在这里转向北方可以看到见山楼。

见山楼是一座江南风格的民居式楼房，重檐卷棚，歇山顶，坡度平缓，粉墙黛瓦，色彩淡雅，楼上的明瓦窗保持了古朴之风。

见山楼三面环水，一侧傍山，底层被称作“藕香榭”，沿水的外廊设吴王靠，小憩时凭靠可近观游鱼，中赏荷花，远则园内诸景如画

苏州拙政园“听雨轩”

拙政园美景

一般地在眼前缓缓展开。

从西部可通过平坦的廊桥进入底层，而上楼则要经过爬山廊或假山石阶。上层为见山楼，陶渊明有“采菊东篱下，悠然见南山”的名句。

古代，苏州城中没有高楼大厦，登此楼望远，可尽览郊外山色，故而得名。见山楼高而不危，耸而平稳，与周围的景物构成均衡的图画。此楼高敞，可将中园美景尽收眼底。春季满园新翠，姹紫嫣红。夏日熏风徐来，荷香阵阵。秋天池畔芦花迎风，寒意萧瑟。冬时满屋暖阳，雪景宜人。

在远香楼的西边，便是小飞虹。小飞虹的形制很特别，是苏州园林中唯一的廊桥。取南朝宋鲍昭《白云》诗“飞虹眺秦河，泛雾弄轻弦”之意，取名小飞虹。“虹”指雨过天晴后横跨大地的一架绚丽的彩桥，古人以虹喻桥，用意绝妙。

陶渊明（约365年～427年），字元亮，号五柳先生，东晋末期南朝宋初期诗人、文学家、辞赋家、散文家。曾做过几年小官，后辞官回家，从此隐居，田园生活是陶渊明诗的主要题材，相关作品有《饮酒》《归园田居》《桃花源记》《五柳先生传》和《归去来兮辞》等。

南朝宋 又称水宋、刘宋。我国南北朝时期南朝的第一个朝代，420年，宋武帝刘裕取代东晋政权而建立。改国号宋，定都建康。因国君姓刘，为与后来赵匡胤建立的宋朝相区别，故又称为刘宋。以刘裕世居的彭城为春秋时宋国故地，故以宋为国号。

小飞虹桥体为三跨石梁，微微拱起，呈“八”字形。桥面两侧设有万字护栏，三间八柱，覆盖廊屋。檐枋下饰以倒挂楣子，桥两端与曲廊相连，是一座精美的廊桥。小飞虹朱红色的桥栏倒映水中，水波粼粼，宛若飞虹。

小飞虹的南面有小沧浪水阁。“小沧浪”取自北宋苏舜钦所筑的“沧浪亭”，寓意遁世归隐。小沧浪阁面阔3间，南窗北槛，两面临水，外形十分别致，似房非房，似船非船，似桥非桥，完全是架在水面上的一座水阁。

水阁横跨池上，将水面再度划分，把到此结束的中园水尾营造得貌似绵延不断，艺术手法高超。亭廊围绕，构成开敞的幽静水院。

从前苏州古城文人雅士、官宦人家众多，无论是华屋巨宅还是一般住房，都特别注意小空间的修饰，

■ 拙政园

这小空间就是庭院，而水庭院则是这绝无仅有的小沧浪。

一方面，它体现了江南水乡风情；另一方面，因水造景，院落内外互相借景而构建了一个特别清凉的环境。

小飞虹的北面是香洲。香洲为舫式结构，有两层舱楼，通体高雅而洒脱，其身姿倒映水中，更显得纤丽而雅洁。香洲之名寄托了文人的理想与情操。香洲，用的是屈原笔下“芳洲”的典故。

《楚辞》中有“采芳洲兮杜若，将以遗兮下女”的句子。古时人们常以香草比喻清高之士，此处以荷花景观来寓意香草，也很得体。

在我国古典园林众多的石舫中，拙政园香洲大概称得上是造型最为美观的一个。船头是台，前舱是亭，中舱为榭，船尾是阁，阁上起楼，线条柔和起伏，比例大小得当，使人想起古时苏州、杭州、扬州一带山温水软、画舫如云的景象。

香洲位于水边，正当东、西水流和南北向河道的交汇处，三面环水，一面依岸，由3块石条所组成的跳板登船。站在船头，波起涟漪，四周开敞明亮，满园秀色，令人心爽。烈日酷暑，此地却荷风阵阵，举目清凉。

香洲船头上悬有文徵明写的题额，后人还专门为之题跋。香洲这条旱船，建筑手法典雅精巧，引人入胜，使人感到一种对高洁人格的追寻。

松风水阁位于远香堂的西南边，又名“听松风处”，是看松听涛之处。松、竹和梅在我国传统文化中被称作“岁寒三友”。

松树经寒不凋，四季常青，古人将之喻为有高尚的道德情操者。并且，松之苍劲古拙的姿态常被画入图中，是我国园林的主要树种之一。有风拂过，松风水阁外，松枝摇动，松涛作响，色声皆备，是别有风味的一处景观。

再往西，便是玉兰堂。玉兰堂曾名“笔花堂”，与文徵明故居中的“笔花堂”同名，梦笔生花是古代文人对创作灵感的追寻，将此处取名“笔花堂”表明这里是园主进行创作的地方。玉兰堂的南墙高耸，好似画纸，墙上藤草作画，墙下筑有花坛，植天竺和竹丛，配湖石数峰，玉兰和桂花，色、香宜人。

蒋氏拥有复园70余年之后，终于易主。1809年，刑部郎中查世倓购得此园，当时园子已经池堙石颓了，经过查氏不断修缮，复园面貌才焕然一新。

阅读链接

复园的海棠春坞位于听雨轩的北边，是一个独立小院，造型别致的书卷式砖额嵌于院之南墙。院内植海棠两株，初春时分万花似锦，娇羞如小家碧玉，秀姿艳质。

庭院地面为青红白三色鹅卵石镶嵌而成的海棠花纹，与海棠花相呼应。海棠春坞的庭院虽小，却清静幽雅，是读书休憩的理想之所。

苏州留园

留园位于苏州金阊门外，以园内建筑布置精巧、奇石众多而知名，是我国著名的古典园林。

留园占地20 000多平方米，集住宅、祠堂、家庵、园林于一体，综合了江南造园艺术的精华，并以建筑结构见长，形成一组组层次丰富，错落相连的，有节奏、有色彩、有对比的空间体系。

留园在空间上的突出处理，充分体现了古代造园家的高超技艺、卓越智慧和江南园林特有的艺术风格和特色。

富有山林之趣的东园

1593年，明太仆寺少卿徐泰时罢官归田后，在苏州金阊门外建造园林，名为东园，此即留园的前身。徐泰时能够建成东园，和他的做官经历是分不开的。

早在1580年，41岁的徐泰时考中进士，被授予工部营缮主事，后

苏州留园美景

留园五峰仙馆

以劳绩晋升为营缮郎中。

后来，明神宗兴建寿陵，徐泰时被派到工地管理寿陵的建造。这一段时间的修陵经历，为徐泰时以后建东园积累了丰富的经验。

修陵之后，徐泰时因平时慷慨任事，自恃才高，得罪了上司与同僚，被弹劾，后来被罢职了。

徐泰时罢官回归故里苏州后不问世事，在1593年开始专心建筑东园和西园。西园为佛寺，即后来的戒幢律寺，东园为园林，即留园前身。

由于徐泰时仰慕范仲淹，取《岳阳楼记》的含义，题园中主体建筑名为后乐堂。但后乐堂被毁，后来刘恕为园主时扩建为“传经堂”，到盛康为园主时，因得文徵明停云馆藏石，更名为“五峰仙馆”。

五峰仙馆位于大门的北方，为留园一座最大的建筑，由于五峰仙馆的梁柱均为楠木，又称楠木厅，有

进士 科举制度是我国历史上考试选拔官员的一种基本制度。源于汉朝，创始于隋朝，确立于唐朝，完备于宋朝，兴盛于明、清两朝，废除于清朝末年。在我国古代科举制度中，通过最后一级中央政府朝廷考试者，称为进士，是古代科举殿试及第者之称，意为可以进授爵位之人。

留园建筑

“江南第一厅堂”之誉。这里的一副楹联道：

白云怡意；
清泉洗心。

楹联的落款是：佚名题留园五峰仙馆北浣云沼东边墙。

楹联主要写山居生活的情趣。上联中的白云，一方面是隐逸的象征，另一方面又是禅家常用的喻象，象征着不染不著、无拘无缚的自由心态。

下联表达的是以清澈的泉水涤荡心中的杂念，使心志纯洁专一，颇富玄理色彩。全联言简意赅，意趣恬淡，富有玄理妙思。

此楹联出自南朝梁时陶弘景《诏问山中何所有，赋诗以答》一诗，诗道：

山中何所有？岭上多白云。
只可自怡悦，不堪持寄君。

陶弘景（456年～536年），字通明，自号华阳隐居。南朝南齐南梁时期道士、医学家、哲学家和文学家。他精通棋术，善于弹琴，也是个书法家，人称“山中宰相”。传世作品有《本草经集注》《集金丹黄白方》《二牛图》等。

五峰仙馆内还有楹联为：

雨后静观山意思；
风前闲看月精神。

楹联落款是：梁谳集自宋人邵雍诗题五峰仙馆内大理石插屏。

表示此幅楹联是为馆内的大理石插屏所题。

五峰仙馆的这块大理石圆形座屏的石面纹理色彩仿佛一幅“雨霁图”，而左上方的朦胧石晕又恰成云中月，故联语选取了富有诗意的自然景物，如新雨洗过的青山、清风和明月，景清而意远，仿佛天然水墨图画。

联中的“山意思”和“月精神”，赋自然风景以人情味，和李白《独坐敬亭山》中“相看两不厌，只有敬亭山”之意境异曲同工，写出了山和月的个性，人与山月，好像主人和宾客一样，是物我交感的绝好说明。

五峰仙馆还有楹联道：

历宦海四朝身，
且住为佳，休辜负清风明月；

插屏 屏扇与屏座可装可卸的座屏、砚屏等屏风的统称。明代以前，屏风多趋于实用，被归为家具的一种，主要用于遮蔽和做临时隔断，大都是接地而设。清初出现的插屏和挂屏，则开始兼有供人欣赏之用。

■ 苏州留园内景

苏州留园

借他乡一廛地，因寄所托，任安排奇石名花。

楹联落款是：“盛康题留园五峰仙馆”，这是后来园主盛康的自撰联，联中的“且住为佳”出自晋人帖：

天气殊未佳，汝定成行否？寒食近，且住为佳尔。

盛康精通医道，原在常州开过药店，因所献丹药治愈了慈禧太后的慢性皮炎而得到青睐。

此后，凭借着自己的才能，盛康在官场上非常得意，不断升迁。而此联就是反映了盛康官场得意后的踌躇满志，寄情山水之情。

五峰仙馆的北厅还有一副楹联道：

读书取正，读易取变，读骚取幽，读庄取达，读汉文取坚，最有味卷中岁月；

与菊同野，与梅同疏，与莲同洁，与兰同芳，与海棠同韵，定自称花里神仙。

楹联的落款是："陆润庠题留园五峰仙馆北厅"，这副对联为后来清代状元陆润痒撰写，挂放在五峰仙馆厅北，借用于此和环境不甚相符。

楹联的上句谈读书之乐。作者选取了5部具有代表性的著作，吸取其精髓，从中获取无穷乐趣。下句借咏花喻指人品格高洁脱俗，心志不凡。

据记载，徐泰时所建的东园已经颇具规模。后乐堂前有楼，楼下左右隅植牡丹、芍药，又在堂右数步外植野梅一林，在堂后请叠山高手周时臣垒石屏作普陀、天台诸峰峦状，山上梅岩相得，势若拱遇。池堤上红杏垂杨间植，堤尽有亭一座。

另外，徐泰时还在园中安置了3块有名的太湖石，造成了冠云峰、瑞云峰和岫云峰。这3块太湖石也是宋代花石纲的遗物。

苏州留园春色

苏州留园冠云峰

在庭院居中者，最为高大的即为冠云峰，东西两侧分别为瑞云、岫云两峰，两峰退立两侧，屏立于冠云峰左右，呈“品”字形排列。

冠云峰清秀奇特，极嵌空瘦挺之妙，因石巅高耸，四展如冠，取名冠云。此峰不但正面看去峻峭雄拔，风韵不凡，细看峰顶，像一只雄鹰兀立其上，鹰头在西，向下盯着一只向上爬的老龟。

如从西北方向望去，却另有一番情趣，宛如一尊送子观音，怀抱婴儿，脚踩鳌鱼，亭亭玉立。

冠云峰前凿有小池，半方半曲，峰石倒影落入池中，名为“浣云沼”。峰后建楼名为“仙苑亭”，又叫“冠云楼”。

这前池后楼和石峰在色调上与形体上，形成了深浅明暗和高低横竖的明显对比，从而把冠云峰衬托得更为高大凌空。

山峰下用湖石砌成的花台小径，罗列小峰石笋，花草松竹点缀其间，真是绝妙的林泉景色，大有林下水边，胜地之胜的风味。

冠云峰西侧一峰，名为“岫云峰”。峰石呈白色，嵌空玲珑，窍穴密布，视之犹如乱云出岫，飞雪轻扬。身下有一沟壑，形如深山溪涧，蜿蜒曲折。

后来峰脚下有一棵百年枸杞，攀石穿穴，缠绕其身。每值深秋，那峰石上一串串翡翠般的绿叶，以及那色同红珊瑚似的浆果，把峰石打扮得更为美丽，充满生机。

瑞云峰石呈浅灰色，亦玲珑嵌空，窍穴数百，有两个由水浪拍打形成的大洞孔，把石峰左右形成两只宽袍舞袖，相隔仅尺，如同美女扭动着细肢软腰，翠袖翾风，舞姿翩跹。

据说，徐泰时得到瑞云峰后，在将石运至东园的一路上不知破坏了多少桥梁，因此，徐泰时对瑞云峰更加珍惜了。

峰石运回苏州后，立于徐氏园林堂侧土垅之上。徐泰时的女婿范允临曾对时任吴县知县袁宏道说："此石每夜有烛光出现。"

从此，瑞云峰更是声名鹊起。但是瑞云峰运回不久，徐泰时就病故了，瑞云峰从此就高卧深林茂草之中。

过了40年，徐泰时的儿子徐溶把这些倒伏在深林茂草中的瑞云峰又竖立了起来。但是没想到，没有几年徐溶也死了，相传瑞云峰为不祥之物，所以一直被搁置，后来才被重新立起来。

瑞云峰高约5米，宽约3米，厚1米，底座高1米，总高约6米。峰形似巨掌，褶皱相叠，涡洞相套，玲珑剔透，趣妙曲折，四面可赏，其规模体量，清秀奇特为现存太湖石峰之最。

阅读链接

留园的五峰仙馆内保存有一件号称"留园三宝"之一的大理石天然画"鱼化石"。

只见一面大理石立屏立于墙边，石表面中间部分隐隐约约群山环抱，悬壁重叠，下部流水潺潺，瀑布飞悬，上部流云婀娜，正中上方，一轮白白的圆斑，就像一轮太阳或者一轮明月，这是自然形成的一幅山水画。

这块直径一米左右的大理石出产于云南点苍山山中，厚度也仅有1.5厘米，这么大尺寸的一块大理石，是如何完好无损从千里之外的云南运到江南苏州的，真是一个谜！

奇峰异石云集的美景

1794年，刘恕成了东园的主人。刘恕成为园主后，开始了对东园的修复和扩建，经过5年时间的努力，在1798年，东园的修复和扩建终于完成。

重修完成后，因园内竹色清寒，波光澄碧，又以其中多植白皮

留园荷花池曲桥

留园景观

松，故名“寒碧庄”，又因为属于刘家所有，故又称“刘园”。

刘恕一向爱石，有人形容其是“千金一石不为痴”。在刘恕治园的20多年里，刘恕搜寻了玉女、箬帽、青芝等太湖石，称为“十二峰太湖奇石”，遂自号“一十二峰啸客”并撰文多篇，记载寻石经过，抒发仰石之情。同时，他还邀人绘画、题字、作记，然后移入园内。

印月、青芝和鸡冠三石位于濠濮亭曲溪楼前，三石都高不过3米。印月临水，石中有一天然涡孔，其倒影落在池中犹如一轮明月，刘恕曾经作诗描述道：

凌虚忽倒影，恍若月临川。

青芝的形状形如刘恕诗称“拟断白木鑱”，只是

太湖石 又名窟窿石、假山石，是我国古代著名的四大玩石、奇石之一，因盛产出于太湖地区而古今闻名，是一种玲珑剔透的石头。太湖石是一种包含历史文化的东西，是中华赏石文化的一个重要组成部分。

潘奕隽（1740年～1830年），清代著名书画家、藏书家。字守晟，一作守愚，号榕皋，又号水云漫士、三松居士。1762年中举，1772年进士，官户部主事，充方略馆总校官、四库全书馆分校官，官内阁中书、文渊阁检讨。

颜色万古长青，后来唯其顶上横加了一块湖石。

累黍石位于五峰仙馆北面，还读馆西面，当窗而立，高3米有余。累黍石上布满黄色结晶颗粒，可谓“累处直疑从黍谷”，和还读我书斋之名相得益彰。

猕猴和仙掌位于五峰仙馆北面庭院花径之上，仙掌居中，猕猴偏西，两石高2米左右。从五峰仙馆内朝北望之，猕猴峰如一老猿，抓首弄耳蹲立于白皮松下，身上毛发也依稀可辨，真有点“似戒飞腾学静观”的味道。

一云峰位于明瑟楼南的假山中，石上镌有“一梯云”三字，其侧隐约可见“一云峰”三字，峰高丈余，屹立于假山石径旁，如云似帆。

箬帽倚立在冠云峰旁东侧，石高不过丈，石上部形如箬帽，故有此名。石背面镌有刘恕所题“箬帽峰”字。

留园书房

苏州留园

可惜此峰曾折裂，人们用铁搭连之，暗合清代学者潘奕隽诗“不必低头效苦吟”之句，真是恰如其状，描绘得惟妙惟肖。

拂袖在东园一角，石上攀附凌霄一株，石高约一丈，其身拂出一角如古人袍袖，故有此名。清代学者潘奕隽有诗道：

介石心原不染尘，餐霞几岁学修真。
浮邱把袂还招手，同调应呼澹荡人。

玉女在“绿荫”西墙边，青枫下，石高不满丈，前临荷池，雾鬓风鬟，素裳曳地，亭亭玉立，如一美人，故有此名。

奎宿在曲溪楼前濠濮亭旁，石高2米余，貌不惊人。唯其形状与天上二十八星宿中的奎宿极为相似，故称奎宿。在最早的天文著作《石氏星经》中有关于奎宿的描写：

奎十六星，形如破鞋底，在紫垣后，传舍下。

书条石 刻写历代名家的题词和诗文的石壁或石头，称作“书条石”，属于传统文化或书法艺术的范畴，旨在介绍书法，一般都由著名书法家书写，巧匠高手摹刻，被称为“双绝”。它在建筑艺术上占有一定位置，是我国文化艺术宝库中的瑰宝。

刘恕还喜好书法名画，他将自己撰写的文章和古人几百方条石法帖、勒石嵌砌在园中廊壁。后来保存的书条石，基本是刘恕留下的。

刘恕还遍请当地名家，集各家之长，融会贯通，对东园故址进行改建，形成了独特的风格。

经过刘恕的重修，刘园虽然比东园增加了建筑，但仍不失深邃曲折幽静之趣。当时园林有内园、外园之分，内园即刘恕住宅部分，外园即园林部分。

刘园中建有古木交柯、还读馆、卷石山房、明瑟楼、绿荫、曲溪楼、掬月亭、含青楼、垂杨池馆、个中亭和半野草堂皇等。

古木交柯位于园林的东南方，是一个幽僻的小庭院。此处虽无奇峰秀石，但高墙下用素砖砌筑的花台上山茶怒放，柏枝凝翠，红绿相间，一派生机盎然的景象。

留园古木交柯

粉墙上嵌有“古木交柯”砖匾一方，但后来由于岁月的洗刷，旧题已久磨灭。存留下来的是后来盛康为园主时补书的，在题名的左边还有跋文：

此为园中十八景之一，旧题已久摩灭，爰补书以彰其迹。丁巳嘉平月，道苏郑思照识。

郑思照为盛康幕僚，在1910年曾测绘《苏州留园全图》，补书时间为1917年。

在古木交柯的花台中原有古树两棵，一为古柏，一为耐冬，耐冬即为山茶的一种。但是两树都已死亡，只是古柏虽死，但躯干还在。后来为正其名，又移栽了古柏和耐冬两棵，形成景观。两树交柯连理，红绿相交。

古木交柯花台虽为砖砌，但造型古朴典雅，别有风味。此处仅植两树、置一匾，就构成了一幅充满生趣、耐人寻味的图画。

留园冠云亭

这里运用了传统国画中最简练的手法，以墙作纸，化有为无，化实为虚，使整个空间显得干净利落、疏朗淡雅。

还读馆即存留下来的还我读书斋，位于五峰仙馆的北侧。“还读馆”这个名称来自晋代陶渊明的《读山海经》：“既耕亦已种，时还读我书。”

还读我书斋所在的地方从前是书斋，刘恕建筑为楼，时称“还读馆”，后来盛康为园主时称“还读我书斋”。

卷石山房即存留下来的涵碧山房，位于古木交柯的西北方，东面紧靠明瑟楼。刘恕为园主时称“卷石山房”，后来盛康为园主时名“涵碧山房”。“涵碧山

晋代 我国历史上9个大一统朝代之一，分为西晋与东晋两个时期。它上承三国，下启南北朝，属于六朝之一。265年司马炎自立为皇帝，国号晋，定都洛阳，史称西晋，后迁都长安。316年灭西晋。317年，晋室南渡，司马睿在建邺建立东晋。两晋历时156年。

《水经注》 北魏时郦道元所著，是我国古代较完整的一部以记载河道水系为主的综合性地理著作，在我国历史发展进程中有过深远的影响，自明清以后不少学者从各方面对它进行了深入细致的专门研究，形成了内容广泛的“郦学”。

房”这个名称来自宋朱熹诗“一水方涵碧，千林已变红”。

涵碧山房建筑面池，水清如碧，“涵碧”两字不仅指池水，同时也指周围山峦林木在池中的倒影，故借以为名。

涵碧山房建筑3间，因建筑前临荷池，故通常又称荷花厅，清代文学家俞樾《留园记》中的“凉台燠馆”即指此。

“明瑟楼”这个名称来自北魏时郦道元所著《水经注》中“目对鱼鸟，水木明瑟”之句。此处环境雅洁清新，有水木明瑟之感，故有此名。

明瑟楼为两层半间，卷棚单面歇山造，楼上三面置有明瓦和合窗，楼梯在外，用太湖石堆砌而成。梯边一峰屹立，上镌“一梯云”三字。楼梯面东墙上，有明代著名书法家董其昌的“饱云”两字砖匾一块。

留园假山

留园景色

绿荫的建筑临水而筑，取元末诗人高启《葵花诗》中“艳发朱光里，丛依绿荫边”为名。轩南庭院墙上有石匾嵌于其上，有清代史学家钱大昕书“花步小筑”。绿荫建筑的西侧原有一株古枫，小轩笼罩在树荫下，故有此名。

曲溪楼也是临水而建，紧挨着濠濮亭，为两层单檐歇山式建筑。楼只有前半部分，下为过道，狭长，进深仅3米左右，南北长10多米。

掬月亭即存留下来的濠濮亭。濠濮亭为方形四角单檐歇山式建筑，其北挑出水面而筑。刘恕时称此亭为“掬月亭”。后来盛康为园主时名“濠濮想亭”，后易名濠濮亭。

含青楼即后来的远翠阁，位于还我读书斋的西边。唐朝诗人方干有诗道：

前山含远翠，罗列在窗中。

方干（836年~888年），字雄飞，号玄英，擅长律诗，清润小巧，且多警句。其诗有的反映社会动乱，同情人民疾苦；有的抒发怀才不遇，求名未遂的感怀。去世后，门人相与论德，谥“玄英先生”，并搜集他的遗诗370余篇，编成《方干诗集》传世。

苏州留园秋色

诗与景符，故有此名。刘恕时曾名“空翠”，后改名“含青楼”，后来盛康时名“远翠阁”。远翠阁实质上为楼，其上三面都置有明瓦和合窗，两层，单檐歇山造。

从曲溪楼北行，有水榭名“清风池馆”。清风池馆的建筑为水轩形式，单檐歇山造。刘恕时称“垂杨池馆”，后来盛康时改名为清风池馆，昔署匾为“清风起兮池馆凉”。

清风池馆傍水池东侧而筑，开敞不设门窗，清风徐来，分外舒适。风行水上，池水泛起粼粼碧波，池馆变得清凉爽人。这里有一副楹联为：

墙外春山横黛色；

门前流水带花香。

楹联的落款是：“杨沂孙题留园清风池馆”。此为旧联借用，篆书。挂在清风池馆内，联语和环境相符。上联咏远借之景。黛色，就是深青色，是远山的天然美色。

下联咏近观之景，似轻柔明透的流水，还有醉人的花香。山水本是自然界中富有魅力的基本景观，联语还赋予它们以丰富的感情。“横”和“带”两字突显了山水之性格、神采，有妙造自然之趣。山水与人们的感情相交流，引起人们更美的遐思。

此处还有一幅清代书法家杨沂孙作的楹联。楹联上写道：

松阴满石闲飞鹤；
潭影通云暗上龙。

楹联的上联咏景色之清幽。松枝虬干，浓阴泻地，奇石蔽日，而清新秀逸、体态翩翩的飞鹤悠闲地在池边活动。由于仙人骑鹤的神话故事广为流传，人们往往将鹤与神仙隐士连在一起，因此寻常之景被寓

杨沂孙（1812或1813～1884年），字子舆，一作子与，号泳春，晚号濠叟，官凤阳知府，清代书法家。少时从李兆洛学诸子，精于《管子》《庄子》。擅书法，尤爱“篆籀之学”，初学邓石如，后吸取金文、石鼓文、汉碑篆书等书体笔法，久而有独到之处，为清代有突出成就的书法家。辞官返里后，篆书名重一时，兼工篆刻。有《管子今编》《庄子近读》《在昔篇》等。

■ 苏州留园秋色

苏州留园曲溪楼

超凡脱俗之趣。

下联咏水潭倒影之奇妙。楼台亭阁、绿树浓荫、白云、艳阳、松影，全都倒映清潭，微风乍起，随波荡漾，美如神话中的水晶仙宫。这里“上龙”是指松影，将松树比作龙蛇或龙影在古代诗作当中运用十分广泛。

水光、树阴、闲云和飞鹤，虚实、静动交相辉映，使人们心灵愉悦，尘念烦忧尽去，富于佛家禅机悟趣。

个中亭即存留下来的可亭，位于涵碧山房的北边。在亭中南望，“涵碧山房”与“明瑟楼”形如一艘航船，停泊在水边。整组建筑打破了整齐划一的布局，给人既有变化而又美观自然的感受，体现了中国山水画法中主景偏右的传统手法。

可亭为六角，飞檐攒尖，刘恕时称“个中亭”，

飞檐 我国特有的建筑结构，其屋檐上翘，形如飞鸟展翅，轻盈活泼，它是我国古代建筑在檐部上的一种特殊处理和创造，常用在亭、台、楼、阁、宫殿、庙宇的屋顶转角处，是我国建筑上民族风格的重要表现之一。

后来盛康时称“可亭”。可亭楹联可亭处有多副楹联，其一为：

园古逢秋好；
亭小得山多。

楹联的落款是：“郑文源题留园可亭”。此外，郑文源的题联还有一处：

园林甲天下看吴下游人载酒携琴日涉总成彭泽趣；
潇洒满江南自济南到此疏泉叠石风光合读涪翁诗。

此联的落款是：“郑文源题留园半野草堂”。

此联后来被悬挂于可亭。联中的彭泽指的是东晋文学家陶渊明，陶渊明曾任彭泽令，故世称“陶彭泽”。涪翁指的是北宋诗人黄庭坚，黄庭坚曾被谪涪州，自号“涪翁”。

此联的上联赞美苏州园林之美、游人之盛、情趣之雅。联中所引用的陶渊明，表现出一种闲适高雅的生活情趣。下联叙作者行迹，咏疏泉叠石之美景。联语将园林山水之美和黄庭坚的写景诗并称，景美诗美，相得益彰，令人回味。

留园建筑

俞樾是晚清著名文学家、教育家和书法家。他一生著述不倦，主要著述有《春在堂全书》《小浮梅闲话》《右台仙馆笔记》《茶香室杂钞》等。

俞樾曾经与留园主人盛康是好友，和盛康相比，俞樾在官场显得不是很得意，而他离开官场专心于学习却取得了巨大的成绩。在这副楹联中，人们能够看到一代国学大师修学、修德的崇高品质。

可亭处假山与“涵碧山房”中间仅一池相隔，形成南北对景。假山旁有古老银杏两棵，树冠相连，浓荫蔽日。

可亭处假山沿池呈东西走向，长36米，南北宽14米，高约4米。山间有石径两条，一条往上至可亭，一条沿池高低曲折至小蓬莱曲桥。

从1789年清代举人王学浩所绘园林图中能够看到，最初的假山为平冈小坡，上置茅亭一间，颇有山林风味。

后来，经刘恕修建，把从其他废圃中搜罗来的零星湖石夹杂黄石掇叠于此，以造就池对面“卷石山房”相适称的景观。

阅读链接

留园书条石在苏州园林中数量是最多的，其中绝大部分为清嘉庆年间，刘恕为园主时从别处寻觅所得，还有一部分系园主家中的历代收藏。

留园的书条石品质也较为上乘，园内廊长壁多，为安置书条石创造了有利的条件。

其内容主要是介绍书法，法帖大都集自南派著名帖学诸家，从晋代的钟、王，至唐、宋、元、明、清，共有100多位书法家的珍品，包括历代名人法帖真迹和古旧拓本，由著名工匠勒之以石。

上海豫园

奇秀江南

豫园位于上海市老城厢东北部，北靠福佑路，东临安仁街，西南与老城隍庙、豫园商城相连，是老城厢仅存的明代园林。豫园内楼阁参差，山石峥嵘，湖光潋滟，素有“奇秀甲江南”之誉。

豫园始建于1559年，原是明朝潘氏的一座私人花园，以清幽秀丽、玲珑剔透见长，具有小中见大的特点，体现明代江南园林建筑艺术的风格。

全园布满亭台楼阁，曲径游廊相绕，奇峰异石兀立，池沼溪流与花树古木相掩映，规模恢宏，景色旖旎，是江南古典园林中的一颗明珠。

隐逸情怀的明代建筑

上海豫园

潘允端是明刑部尚书潘恩之子，1559年，潘允端以举人应礼部会考落第，萌动建园之念，在上海城厢内城隍庙西北隅，家宅世春堂西的大片菜畦上“稍稍聚石凿池，构亭艺竹”，动工造园。

1562年，潘允端出仕外地，无暇顾及建园，在潘允端写的《豫园记》中说：

垂二十年，屡作屡止，未有成绩。

上海豫园玉玲珑

1577年，潘允端自四川布政司解职回乡，便集中精力再度经营扩修此园，并聘请园艺名家张南阳担任设计和叠山。此后，园越辟越大，池也越凿越广。

1620年左右竣工，总面积达46 000多平方米。当时正值江南文人造园兴盛时期，上海附近私家园林不下数千，而豫园“陆具岭涧洞壑之胜，水极岛滩梁渡之趣”，其景色、布局、规模足与苏州拙政园、太仓弇山园媲美，被公认为“东南名园冠”。

但豫园后来屡遭破坏，潘允端所建的均已被毁，存留下来的豫园东部的主要建筑有玉玲珑、玉华堂、积玉水廊、积玉峰、会景楼和九狮轩等。

玉玲珑为江南三大名石之一，高约3米，玲珑剔透，周身多孔，具有皱漏瘦透之美，为石中甲品。古人曾谓：“以一炉香置石底，孔孔烟出；以一盂水

礼部 我国古代官署。从南北朝的北周开始设置，隋唐时期为六部之一，历代相沿。其中的长官为礼部尚书。管理全国学校事务及科举考试及藩属和外国之往来事。礼部下设四司，明清皆为：仪制清吏司、祠祭清吏司、主客清吏司和精膳清吏司。

灌石顶，孔孔泉流。”玉玲珑后有照壁，照壁南面壁上有“寰中大块”4个大字，意为“天下大快”。

正对玉玲珑有一书斋，以玉玲珑石上的“玉华”两字命名，为玉华堂，堂上匾“玉华”两字是明代文徵明的手迹集字，堂前有白玉兰两棵，东侧是积玉峰和积玉水廊。

玉华堂原为潘允端书斋，后来清代重建，改名为香雪堂。后再次被毁，重建后仍名玉华堂。堂内按文人书房布置，陈列着明代紫檀木画案等珍贵家具。

积玉水廊倚豫园东围墙，临曲池，积玉峰立于廊间，积玉峰玲珑剔透。池西及玉华堂前后，流水潆回，山石嵯峨，花木扶疏，植白玉兰、白皮松和翠竹，幽雅恬静。

会景楼位于豫园中央，登楼可观全园景物，故名“会景楼”。九狮轩在会景楼西北，轩前置月台，可凭栏观赏池中荷花。

豫园西部有假山与亭子、元代铁狮、萃秀堂、亦舫、万花楼、鱼

■ 豫园会景楼

乐榭、复廊、两宜轩、点春堂，还有和煦堂等建筑。

大假山为豫园镇园之作，是明代著名叠山家张南阳唯一传世作品。高约12米，用数千吨武康黄石堆砌。假山峰峦起伏，磴道纡曲，涧壑深邃，清泉若注。山上花木葱茏，山下环抱一泓池水。游人登临，颇有置身山岭之趣。后来清末名人王韬曾描绘：

豫园玉华堂内景

奇峰攒峙，重峦错叠，为西园胜观。其上绣以莹瓦，平坦如砥；左右磴道，行折盘旋曲赴，或石壁峭空，或石池下注，偶尔洞口含岈，偶尔坡陀突兀，陟其巅视及数里之外。

循径而下又转一境，则垂柳千丝，平池十顷，横通略约，斜露亭台，取景清幽，恍似别有一天。于此觉城市而有山林之趣，尘障为之一空。

豫园时废时兴，大多建筑都已被毁，而大假山仍保持旧观。大假山上有二亭，一在山麓，名“挹秀亭”，意为登此可挹园内秀丽景色。一在山巅，称“望江亭”，意为立此亭中“视黄浦吴淞皆在足下。

王韬 原名利宾，1845年改名瀚，字仲蘅，号懒今，一号兰卿。1862年易名韬，字仲弢，一字子潜，又字紫诠，号天南遁叟。著名的洋务政论家、我国新闻业之父。外号“长毛状元”，他是我国新闻史上第一位报刊政论家，近代报刊思想的奠基人。

庄子 姓庄，名周，先秦时期伟大的思想家和哲学家、文学家，道家学说的主要创始人之一。老子思想的继承和发展者，后世将他与老子并称为“老庄”。他们的哲学思想体系被思想学术界尊为“老庄哲学”。代表作品为《庄子》，名篇有《逍遥游》《齐物论》等。

而风帆云树，则远及于数十里之外”。

在仰山堂东游廊口，有一对铁狮，姿态生动，铸工精致。座上各有款识：

> 章德府安阳县铜山镇匠人赵璋……大元国至元廿九年岁次庚寅十月廿八日。

赏狮穿廊绕墙而入即游廊，为入大假山之通道，跨于池上。廊间设方亭，有匾为“渐入佳景”。匾下有一太湖石，状似美女柔腰顾盼，名“美人腰”。池水山景，近在咫尺，有勾起游人信步之意。

亦舫在萃秀堂东墙外，俗称船厅。明代以后，江南园林常在水边建石舫，用以临水赏月，而直接在陆地上筑舫不多见。

万花楼为花神阁遗址，后称“万花深处”，后来重建时添建格思堂，仅存一楼。当时主要用于祭祀活动和同业议事，以人神仅咫尺相隔而名“神尺堂”。

豫园雪景

豫园池塘

后又恢复“万花楼”名。

鱼乐榭跨于溪流之上，傍山临水，凭栏可观赏水中游鱼。溪上筑一垛隔水花墙，墙上有漏窗，墙下处有半洞门，水从洞门流去。“鱼乐”蕴含园主人对庄子的仰慕和避世隐逸的心情。

在这里还可以欣赏到一处生动的虚隔产生遐想的景观，榭前小溪，一饰有漏窗和半圆洞门的粉墙，不落水面，横临溪上，小溪从拱形墙下淌去，让人产生“小溪不知流向何处”的遐想。

鱼乐榭东北是一条曲折别致的复廊，中间用墙分隔。中间构筑方亭一座，匾额曰“会心不远”。此意出自南朝的笔记小说《世说新语》：

会心处不必在远，翳然林木，便有濠濮间想，觉鸟兽禽鱼自来亲人。

复廊 指在双面空廊的中间隔一道墙，形成两侧单面空廊的形式，又称“里外廊”。因为廊内分成两条走道，所以廊的跨度大些。中间墙上多开有各种式样的漏窗，从廊的一边透过漏窗可以看到廊另一边的景色。

意为并非要到遥远之处才能领悟万物造化要旨。

复廊东段用墙分隔为两条。墙上设窗洞，从窗洞左顾楼台掩映，右望溪流峰石，宛如小品图画。复廊东有小轩，“观山观水两相宜”，为“两宜轩”。两宜轩位于复廊南侧，面山对水，有古人“观山观水两相宜”的情趣。

和煦堂在打唱台南面，面山背水，四面敞开，夏凉冬温，故取名“和煦”。后面水池畔有假山，山下有洞，流水潺潺。山上有方形小轩，名“学圃”。八角亭与学圃隔池相峙，亭中有古井一口，井栏为明代之物，称“古井亭”。

和煦堂东部假山上有座抱云岩，水石缭绕，洞壑深邃。抱云岩上有小楼，上下两层，上层名“快楼”，下层称“延爽阁”。登快楼可眺西面大假山和豫园全景。延爽阁画栋垂檐，精致错落。

点春堂北有藏宝楼，上下各5间。东有静宜轩、听鹂亭。据地方志《上海县续志》记载，点春堂初建时附近还有钓鱼矶、水神阁、一笑轩、庄乐亭等建筑，均早已毁弃。

阅读链接

豫园的玉玲珑假山还有一个不平凡的来历呢！

北宋时宋徽宗在开封构筑“艮岳”，把各地搜罗的奇花异石运到京师，水运花石，拾船为一“纲”，谓之“花石纲”，其中多有散佚，玉玲珑就是其中之一。

到了明代，玉玲珑辗转到了浦东储家，储家与潘家是亲家，储故世后没有子嗣，玉玲珑随储家之女陪嫁到潘家。过黄浦江时，风大浪高，沉入江底，打捞时又发现另一块石头，即现在玉玲珑的底座，便一起打捞了上来。

清代的豫园建筑盛景

潘允端在《豫园记》中说："匾曰'豫园'，取愉悦老亲意也。"

"豫"，有安泰、平安之意，由此可见潘允端建园目的是让父母在园中安度晚年。但因时日久拖，潘允端的父亲潘恩在园子刚建成时便亡故了，豫园实际成了潘允端自己退隐享乐之所。

豫园雕刻

潘允端常在园中设宴演戏、请仙扶乩、相面算命、祝寿祭祖、写曲本、玩蟋蟀、放风筝、买卖古玩字画

豫园内建筑

等，后来，潘氏家业衰落，潘允端死后，园林日渐荒芜。

明末，潘氏豫园一度归通政司参议张肇林，而张肇林也就是潘允端的孙婿。

到了清初，豫园也是几度易主，园址也被外姓分割。康熙初年，上海一些士绅将豫园几个厅堂改建为清和书院，堂中供奉松江知府张升衢长生禄位。书院尚未修竣，因故停工。园中亭台倾圮参半，草满池塘，一些地方成了菜畦，秀丽景色已成一片荒凉。

1709年，上海士绅为公共活动之需，购得豫园东部部分地区建造庙园，即灵苑，又称东园。1760年，一些豪绅富商集资购买庙堂北及西北大片豫园旧地，恢复当年园林风貌。历时20余年。因已有“东园”，故谓西边修复的园林为“西园”。

通政司 我国古代官署名。明代始设“通政使司”，简称“通政司”，其长官为“通政使”。清代沿置，掌内外章奏和臣民密封申诉之件，俗称“银台”。是为明清时收受、检查内外奏章和申诉文书的中央机构。

在这一时期建造的有得月楼、绮藻堂、三穗堂和萃秀堂等建筑。

得月楼建于1760年，位于玉华堂、玉玲珑西面，两面临水。取“近水楼台先得月”之意而名。得月楼为二层楼房，建筑精致，画梁彩栋，修廊曲栏，华丽幽静。

得月楼前有“皓月千里”匾额，皓月当空时，俯视湖心亭、九曲桥上月光，别有情趣。清人有一副描写得月楼的联语“本地风光，旧时月色”，耐人寻味。

绮藻堂位于得月楼下，以“水波如绮，藻彩纷披”而名。堂内装潢美观，别具一格。堂檐下有100个不同字体的木雕“寿”字，称为“百寿图”，富有民族特色。堂前一天井，犹如方茶壶，内有匾额“人境壶天”。左侧围墙上有清代“广寒宫”砖刻。

知府 古代官名。宋至清代地方行政区域“府”的最高长官。唐以建都之地为府，以府尹为行政长官。宋升大郡为府，以朝臣充各府长官，称以某官知某府事，简称知府。明以知府为正式官名，为府的行政长官，管辖所属州县。清沿明制不改。知府又尊称太守、府尊，亦称黄堂。

豫园龙墙

斛 我国古代量器名，亦是容量单位，一斛本为10斗，后来改为5斗。常用容量单位由小至大有升、斗、斛、釜、钟，通常学者们认为斛和石相通。自秦汉开始，它们之间都是10进制，南宋末年改为5进制。量器呈直口直壁的圆筒形，平底，腹两侧各有一柄。

萃秀堂位于大假山东北峭壁下。1760年始建，1770年竣工。1813年由西园庙产转属豆米业公所，并经大规模修葺，建筑构造精粹，幽静峻洁。四周拦以围墙，堂前峰峦林立，花木阴翳。

修复后的西园、东园性质上已非私家花园，成了供城邑士人乡绅们集会雅玩的寺庙园林，但规模布局还依照潘氏豫园，保留了文人宅园明秀雅洁的风貌。原临荷花池的乐寿堂已颓圮，复建西园时，在原址上建起形制高大、华丽宽敞的三穗堂。

三穗堂位于豫园正门处，原为乐寿堂，清初曾被征为上海县衙办公之地，改建西园时重筑为三穗堂。其意“禾生三穗，乃丰收之朕兆”。有5间大厅，屋宇宏敞。三穗堂大厅中间有“城市山林”和“灵台经始”匾额。

匾额下是豫园主人潘允端撰文的《豫园记》，扇上雕刻着稻穗、黍稷、麦苗和瓜果。三穗堂南临大

上海豫园仰山堂风雨楼

湖，堂前桧柏分植，景观颇广远，湖心有亭，渺然浮水上，东西筑石梁，九曲以达于岸。

三穗堂在清代中叶为米业公所议事、定标准斛之所，又称“较斛厅”。还曾是官府召集乡士绅商宣讲皇帝谕旨之处，是当时沪上绅士富商的政治、经济活动场所。三穗堂南有荷花池、凫佚亭、绿波廊、濠乐舫、鹤闲亭、清芬堂和凝晖阁等建筑。

豫园点春堂内景

点春堂于清道光初年为福建花糖业商人所建，以作公所之用，共5间。厅堂画栋雕梁，宏丽精致，门窗的扇上雕刻戏曲人物，栩栩如生。堂名取宋代诗人苏轼词“翠点春妍”之意。

点春堂厅堂面对一座小戏台，镂金错彩，式样精巧，名“凤舞鸾吟”，俗称打唱台，是当年花糖业公所宴请演唱和岁时祭供之处。

打唱台东南有小假山，水从假山下石窦中流出，汇成小池，戏台一半架在池中，非常幽雅。点春堂后有临水槛，可凭槛观鱼，有匾额“飞飞跃跃”，字体飘逸洒脱。

后来因兵火，豫园香雪堂、点春堂、桂花厅、得月楼、花神阁、莲厅皆遭损毁。清嘉庆、道光年间，上海商业发展较快，一些商业行会在豫园设同业公

鸾 即“青鸾”，又名鸾鸟、青鸟、鸡趣。鸾鸟，在凤凰的诸种异名中，可能是最为人们熟知的一种，是古代传说中凤凰一类的神鸟，赤色多者为凤，青色多者为鸾，多为神仙坐骑。也被引申为吉祥和爱情的象征。

所，作为同业间祀神、议事、宴会、游赏之处。1868年，西园划分给各同业公所，各自筹款修复。

仰山堂便是此时建造的。仰山堂位于三穗堂之后，与大假山隔池相望，为1866年所建。底层称仰山堂，上层为卷雨楼。仰山堂共5楹，后有回廊，曲槛临池，可小憩。望大假山景，池中倒影可鉴。

卷雨楼为曲折楼台，取唐诗“珠帘暮卷西山雨”之意，雨中登楼，烟雾迷蒙，山光隐约，犹如身入雨山水谷之中，为豫园绝景。

此后园内茶楼酒馆相继兴起，商贩丛集，荷花池西南一片空地上，一些江湖艺人，诸如相面测字、卖梨膏糖、拉洋片等在此设摊，逐渐成为固定庙市，后演变为商场。

1894年，布业公所为纪念古代纺织家黄道婆建造了织亭。织亭位于绮藻堂和荷花楼之间的西廊中间，面对湖心亭、九曲桥，背向五老峰、月府砖刻。亭以扇与廊相隔，扇裙板上刻有“耕织图”。

藏书楼也是在这一时期建造的。藏书楼又名书画楼，位于得月楼对面，曾是有名的书画市。

20世纪初期，豫园已被一条东西小路分割成南北两爿，古建筑破漏，面目全非，所幸园中重要部分，如点春堂、三穗堂、大假山和一些亭台楼阁、古树名木，仍得以保存。

阅读链接

1986年，为了保护传统园林文化，开始逐步修复豫园。豫园中的浣云假山就是在此时堆砌的。

浣云假山位于得月楼北，为太湖石堆砌。假山以湖石堆成，背依得月楼，面临清池，水中假山倒影与天上彩云浑然一体，如洗白云于水中，如染假山于云间，故名“浣云”。

山有临流石径，依山脉迂回曲折而上。山洞内有清泉，登得月楼隐约可闻泉水声。

扬州个园

个园位于江苏扬州市东北隅盐阜东路，为清代两淮盐商商总黄至筠在明代“寿芝园”遗址上所建，为我国四大名园之一。

个园全园三纵三进，园中古树参天，珍卉丛生，随气候变化展现出不同的景色。因园主黄至筠爱竹，园中修竹万竿，且因竹叶形似“个”字，故名个园。

个园以竹石取胜，园中最负盛名的为笋石、湖石、黄石和宣石叠成的春夏秋冬四季假山，叠石艺术高超，以石斗奇，融造园法则和山水真理于一体，令人叹为观止，是我国江南私家园林的杰出代表。

著名的个园四季假山

1818年，两淮盐商商总黄至筠来到古城扬州，看到一处废弃的园子，经过打听得知，这个园子名叫“寿芝园”，为明代所建，相传寿芝园中的叠石是中国画一代宗师石涛和尚的杰作，但荒废已久。

个园假山

■ 个园假山

黄至筠得知后，经过多方努力，买下了这座废园，开始重新规划，建造园林。黄至筠爱竹，故在园中植修竹万竿，且因竹叶形似“个”字，取名为个园。据扬州民间传说，当年园主人为求园名，花了不少银子，才得到了“个园”这个名字。

“个”最早的意思是“竹一竿”，想想这并不奇怪，汉字原本就是象形文字，“个”看上去不正是竹叶的形状吗？清代大才子、大诗人袁枚就曾经吟咏出“月映竹成千个字，霜高梅孕一身花”这样美妙绝伦的诗句。

并且，“个”字是由3笔组成的伞状造型，在我国传统观念里，象征着天时、地利、人和鼎力扶持，面面呵护，路路通达，这也是经商的人所祈盼的最高境界。

“个”字笔画为3画，还代表着多而全的意思，

黄至筠 又叫黄应泰，字韵芬，又字个园。原籍浙江，因经营两淮盐业而著籍扬州府甘泉县，清嘉道年间为八大盐商之一。他不仅是个商人，还是个画家，在他的私家园林个园中，就有他的画作石刻存留。

个园假山景观

体现着福、禄、寿三全其美的完满境界。所以，黄至筠就挑了这个名字为自己心爱的园林命名。

自然的、历史的、文化的、艺术的竹的美妙，融聚成了个园独有的文化积淀和美学趣味，以“个”名园，可谓深得竹景观的神韵。

个园是一处典型的私家住宅园林，内中景物布局紧凑，以叠石立意、气势雄伟而著称，尤以“四季假山”闻名于世。

传说，黄至筠为了防人偷盗个园中的假山，有的假山用白银浇铸，每座重达千斤，无人能拿走，所以在扬州人们也戏称个园的假山为“没奈何”。

从住宅进入园林，首先映入眼帘的是月洞形园门。门上石额书写“个园”二字，“个”者，竹叶之形，主人名“至筠”，“筠”亦借指竹，以为名“个园”，点明主题。园门两侧各种竹子枝叶扶疏，“月映竹成千个字”，与门额相辉映。

白果峰穿插其间，如一根根茁壮的春笋。竹丛中，插植着石绿斑驳的石笋，以“寸石生情”之态，状出“雨后春笋”之意。

这幅别开生面的竹石图，运用惜墨如金的手法，点破“春山”主题，即“一段好春不忍藏，最是含情带雨竹”。同时还巧妙地传达了传统文化中的“惜春”理念，提醒游园的人们，春景虽好，却短暂易逝，需要用心品赏加倍珍惜，才能获得大自然的妙理真趣。

透过春山后的园门和两旁典雅的一排漏窗，又可窥见园内景色，楼台、花树映现其间，引人入胜。进入园门向西拐，是与春山相接的一大片竹林。竹林茂密、幽深，呈现生机勃勃的春天景象。

夏山位于园之西北，东与抱山楼相接。夏山叠石以青灰色太湖石为主，叠石似云翻雾卷之态，造园者利用太湖石凹凸不平和瘦、透、漏、皱的特性，叠石多而不乱，远观舒卷流畅，巧如云、奇如峰。

近视则玲珑剔透，似峰峦、似洞穴。山上古柏，枝叶葱郁，颇具苍翠之感。山下有池塘，深入山腹，碧绿的池水将整座山体衬映得格外灵秀。

北阴处有一涓细流直落池塘，叮咚作响，池中游鱼嬉戏穿梭于睡莲之间，静中有动，极富情趣。池塘右侧有一曲桥直达夏山的洞穴，

个园假山内奇石

洞之幽深，颇具寒意，即使炎热的夏天，人们步入洞中，顿觉清爽。

中空外奇、跌宕多姿的双峰夏山，是玲珑剔透的太湖石与高超叠石技艺完美结合的产物。我国国画里有“夏去多奇峰”的意境，夏山的主体部分，正是利用太湖石柔美飘逸的曲线和形姿多变的品质，垒出停云之势，模拟夏天气象。

在布景造境方面，夏山更是做足了文章。山上黄馨紫藤，繁花垂条；山下古树名木，蓊郁青葱；山间石室幽邃，石梁凌波；山顶流泉飞瀑，有亭翼然。

盘旋石阶而上，登至山顶，一棵紫藤迎面而立，使人悠游其间忘却了无尽的烦忧。个园夏山，可以说真切、唯美地再现了典型环境中的江南山水。

抱山楼是一座七楹长楼，巍然艮跨夏秋两山之间，两山东西依楼而掇，有多条山径直通楼上，抱山楼在空间连接两山，楼前长廊如臂，拥抱两山于胸前，这是抱山楼得名的由来。抱山楼长廊，犹如凌空飞架的天桥，廊上漫步，不经意间就跨越了两个不同的季节。

扬州个园内的古亭

沿抱山楼看秋山，有宾主、有掩映、有补缀、有补贴、有参差、有烘托，仿佛群山峻岭，山外有山，山势未了，仰视高处，山势绝险，突兀惊人。

在抱山楼上凭栏赏景，但见楼下梧桐蔽日，浓阴满阶，檐前芭蕉几丛，亭亭玉立，夏山青翠欲滴，秋山枫红霜白，无限风光，美不胜收。楼下走廊的南墙上镶嵌着清人刘凤浩撰写的《竹石记》刻石，专门留给想知晓个园来龙去脉者，作壁上观。

个园假山

抱山楼前有匾上书“壶天自春”。“壶天自春”是取《个园记》中“以其目营心构之所得，不出户而壶天自春，尘马皆息”，其意是个园空间虽不及名山大川，但其景为世外桃源。

“壶天”最早是道教用语，出自历史学家范晔编撰的《后汉书》，不过私家园林多为壶状结构，由狭长的通道进入，里面豁然开阔，美不胜收，也算是人间仙境了。匾额下有一副对联，写道：

淮左古名都，记十里珠帘二分明月；

园林今胜地，看千竿寒翠四面烟岚。

上联连用“十里珠帘”和“二分明月”两个最具代表性的场景，将古扬州的繁华淋漓再现。下联状写当前，不忘紧扣个园竹景观特色，只用“千竿寒竹”“四面烟岚”，把扬州的风物尽收囊中。楹联境

范晔 字蔚宗，南北朝时期著名史学家。他早年曾任彭城王刘义康的参军，后官至尚书吏部郎。范晔一生对社会的最大贡献则是撰写了被后人称之为“前四史”之一的《后汉书》。范晔以《东观汉记》为蓝本，对其他各家撰著博采众长，斟酌取舍，并自定体例，订伪考异，删繁补略，写成《后汉书》。

个园假山小径

界阔大，气势磅礴，对仗工稳，与抱山楼的建筑风格及其坐镇全园的统领地位十分吻合。

经过抱山楼的“一”字长廊，园之东部便是气势雄伟的秋山，相传出自清代大画家石涛之手笔。

秋山是全园的制高点，黄石山体拔地而起，峰峦起伏，有摩霄凌云、咫尺千里之势。无论何时登临眺望，都会使人顿生一种秋高气爽之感。

秋山整个山体分中、西、南3座，有“江南园林之最”的美誉。黄山石呈棕黄色，棱角分明，如刀劈斧砍。整座山体峻峭凌云，显得壮丽雄伟。

进入山腹，如入大山之中，险奇之处随时可见。中峰高耸奇险，下有石屋，可容十几人，内设石桌、石凳、石床，通风良好，四季干燥，颇具生活意趣。

秋山之上，有崎岖蹬道上下盘旋，曲折辗转，构成了立体交通，忽壁忽崖，时洞时天。人在洞中，有光隐隐从石隙透入，照见洞顶用黄石倒悬营造出的垂垂钟乳，奇异而壮观。

走秋山蹬道，你一定要记住这个口诀，叫作“大不通小通，明不通暗通，直不通弯通”，它提醒人们，如果想超捷径，很可能就会误入歧途。要是不避凶险，反而能化险为夷。

秋山还藏有飞梁石室，内置石桌、石凳、石床，仿佛曾有人在此饮酒、对弈、躺卧、小憩。石室外则是一处小小院落，当年主人曾植碧桃一棵在院中花坛里，俨然成了一处深山洞府中的“世外桃源”。

沿腹道攀援而上，至山顶拂云亭，顿觉心胸开朗，满园佳境，尽收眼底，正所谓秋山宜登者也。尤其是夕阳西照，使整座山体洒上一层黄金，这时你才能领略造园者将此山面西的道理。秋山宜登，游走腾挪于尺幅之间，如历千山万壑，尽得攀登险趣。

住秋阁坐落在秋山南峰之上，山阁一体，朝夕与山光共舞，年年共秋色常住。登临秋山，在经历了奇峰曲径、石室悬崖之后，忽然见此小阁，就像久旱遇甘雨一般，不能不来此一坐。三五好友，分座坐定，清茗一杯在手，会油然产生“偷得浮生半日闲”的愉悦之感。

四季山中的冬山是最富想象空间的假山。造园者将冬山安排在南墙之下，背靠高墙几乎终年不见阳光，远远望去似积雪未消，地面用白石铺成，每块石头几乎看不到棱角，给人浑然而有起伏之感。

阅读链接

传说，有一年元宵佳节，黄至筠请来了很多盐商在自己心爱的个园内玩耍，他还精心制作了一则哑谜供大家猜射。

他让佣人摆放一张红木圆桌，上置一只玉盘，盘中放一尊纯银的罗汉，让人们打七言宋诗一句，还规定猜的人不能开口，只能用动作表示。谁猜中了就把玉盘和银罗汉送给他。

见两样赠品十分贵重，大家都争着来猜，但又都扫兴离去。过了好一会儿，一个秀才拨开人群，来到桌前。只见他一声不吭，一手抓起银罗汉，一手把玉盘在桌上转了一圈，随后抱着银罗汉和玉盘就走。

围观的人喧哗起来，更有人想上前阻拦。这时报中的鼓声连敲三下，大家才知道这个秀才已经猜中。

原来这个哑谜的谜底取材于苏东坡《中秋月》一诗的第二句：“银汉无声转玉盘。”

底蕴深厚的精美建筑

个园中楼台厅馆各具特色，园的正前方为“宜雨轩”，四面虚窗，可一览园中全景，是园主人接待宾客的场所。宜雨轩，东阔3楹，四面是窗户。

个园晨曦

■ 扬州个园

轩的屋顶用扬州常风的黛瓦，四角微微上扬，在清秀之中显出稳重。在宜雨轩门口有一副对联，写道：

朝宜调琴，暮宜鼓瑟；
旧雨适至，今雨初来。

宜雨轩坐落于个园心腹之地，四面通透，为主人延宾待客之所。这副16字楹联，勾勒出了一幅风雅无限、宾主尽欢的个园雅集图。

“朝宜调琴，暮宜鼓瑟”，典出《诗经》“我有嘉宾，鼓瑟吹笙”。从字面看是说这里既适合弹琴，又适合吹笙，其实是赞誉主人有风雅待客之道。

“旧雨适至，今雨初来”表面写坐在轩里感受自然界的阴晴光景，其实是用杜甫典故。雨，指朋友，

《诗经》是我国汉族文学史上最早的诗歌总集，收入自西周初年至春秋中叶大约500多年的诗歌。《诗经》中诗的作者绝大部分已经无法考证。其所涉及的地域，主要是黄河流域，西起陕西和甘肃东部，北到河北西南，东至山东，南及江汉流域。

■ 个园清漪亭

说的是老朋友刚到，新朋友又来了，络绎不绝。还有赞美主人德行美好，所以交谊广远的意思。

清漪亭是一个六角小亭，秀丽挺拔，姣好端庄。宾主在文宴之后，登山之余，移步到此，环顾四周，全园风光尽在眼中。

清漪亭的周围，似乎漫不经心地布置了许多太湖石，而太湖石的外面又被一弯绿水所环抱，清漪亭在这重重拱卫之下，由一个普通的建筑而平添了无限的美感。觅句廊有曲廊和小阁数间，顾名思义，是主人寻觅诗句的地方，内悬一联：

> 月映竹成千个字；
> 霜高梅孕一身花。

“觅句”乃是古代文人最风雅的事情，尽管这里只是数步短廊和几楹小阁，但由于冠以“觅句廊”之

卢延让 字子善，范阳人。天才卓绝，为诗师薛能，词意入僻，不尚织巧，多壮健语，为人所嗤。900年登进士第，累迁给事中，终刑部侍郎。著有诗集一卷，有《唐才子传》传于世。

名，其丰厚的文化内涵绝不能轻视。

想当年，主人在夕阳西下之际，秋虫悲鸣之间，绞尽脑汁，苦思冥想，大有“语不惊人死不休”的意味，此情此景，怎能不叫人想起古人卢延让《苦吟》中的名句：

二句三年得，一吟双泪流；

吟安一个字，捻断数茎须。

“觅句廊”所蕴含的正是我国古代文人那种一丝不苟的苦吟精神。个园是清代扬州盐商黄氏的私家园林，是整个黄氏宅第的附属建筑，作为黄氏宅地的具有实在意义的主体建筑，其实并不是个园，而是个园南面的庞大的住宅区。

黄宅南临东大街，北抵广储门安家巷，由5路豪宅组成。5路豪宅分开有福、禄、寿、财、喜5座大门，一字儿朝东关街排开，尽显一代盐商的气派。不过，这5座大门可是各有各的用途，平日并不全开，众

个园正门

扬州个园楠木房

商户解送盐款到了，这是黄府进账财源滚滚的时候，当然是财门大开喽！

逢家里有人过生日、做寿，亲朋好友不说，少不了存心巴结之人前来祝贺，络绎不绝，这时开寿门。

黄家虽是商人，可生意做大了，财力雄厚了，再加上儿子读书争气，这也就距离官场仕途不远了，哪天家中有人中举及第、加官晋爵，就该开禄门了。

日常生活中的大小红白喜事，家家都有。而富人家的事当然就更要像个喜事来办，少不了热热闹闹一回，就需开喜门了。

看得见的官不能日日升，喜事不会天天有，可福气这一种无形的东西，却是可以时时刻刻陪伴人们、多多益善的。所以黄家的中路福门是常开的，供平时出入，祈福纳祥。

久而久之，周围百姓只要看黄家开了哪座门，就大致知道黄家今天将会发生什么事了。

后来，个园也成为文人雅士经常来的地方，人们都与黄至筠在个园中谈诗论赋。

但是据说，个园的主人黄至筠初到扬州时，并不是很受欢迎呢！当时扬州的文人、名流因为黄至筠是个商人，大多不屑与他为伍。但黄至筠虽是商人，对文化却有着一种执着的热爱，尤其重视对子女的教育，每年都要花重金聘请安徽的名师来家教子。

每天晚上，黄至筠都要亲自检查孩子的学习情况，发现还有不精之处，就会立刻派仆人陪着到书房，重新请老师讲解，必须完全领悟才可以去睡觉。

20年如一日，从未间断。严格的要求，优秀的老师，加上自身的努力，黄至筠的4个儿子都很成器，个个工诗词，善书画。

有一天，扬州的一位名士在黄家和孩子的老师谈话，就《汉书》中的一些问题请教老师，老师让黄至筠的长子锡庆来回答，锡庆背诵如流，解释详尽。这位名士出来后对人说："黄氏有佳儿，勿轻之也!"

黄家二公子黄锡麟就是其中的佼佼者。他喜爱读书学习几乎到了痴迷的状态，师从"扬州学派"的著名学者江藩学习。

扬州个园

个园景观

江藩死后，黄锡麟十几年足不出户，潜心钻研汉学，和同时代另外一位学问家马国翰齐名，被称为“辑佚两大家”。

黄锡禧是黄家最小的孩子，也是黄家最后一个离开祖屋的人，他就好像大观园里的宝玉一样，历经家业由盛而衰的全过程，晚年寓居泰州。他让儿子自幼习医，医术高明，在上海悬壶济世，有“一指神针”的美誉。

在当时众多盐商子弟崇尚奢华、不学无术的世风下，黄氏佳儿成为一时美谈。而那些文人雅士们也再不敢轻视黄至筠了。

阅读链接

个园的觅句廊，顾名思义，是苦苦寻觅诗句的地方。觅句廊的对联是清代大诗人袁枚的两句诗。关于这两句诗还有一个故事呢！

有一天，袁枚家侍弄花木的雇工跑来向他报喜说：“老爷，梅树已经一身花啦！”

这句话给了袁枚以灵感，于是吟出了“月映竹成千个字，霜高梅孕一身花”的佳句。

上句写月光下的竹林是看不清枝干的，只有伸展出来的一片片竹叶被月光照亮，宛如成千上万的“个”字。下句写梅花喜欢严寒，越是霜重雪浓，越是能够孕育出一树繁花来。最终这两句诗成了个园觅句廊的对联。

古莲花池

古莲花池，地处河北省保定市，是保定八景之一，称“涟漪夏艳”。古莲花池不仅以“林泉幽邃，云物苍然”闻名，更因与莲池书院同处一址而声名远播。

池水以中心岛为界分为南北两塘，蜿蜒曲折的东西两渠将两塘沟通一体。莲池自古就环水置景，以水为胜，因荷得名。

园中诸景建制小巧玲珑，优雅别致，拙中见巧，朴中有奇，汇集了我国南北古建筑园林风格的精华。莲花池实为我国北方古代园林的明珠，前人曾用“几疑城市有蓬莱”形容之，有“城市蓬莱”和“小西湖”的美誉。

私家园林演变成的莲花池

古莲花池观澜亭

古莲花池是我国著名的十大古代园林之一，自元代以来已经有近800年的历史了，特别是设在莲池的莲池书院，在清代声名显赫，曾造就了不少学子。

关于莲池的始建时间，传说较多。有一种传说认为莲花池是唐代开凿的，不过，真正见于史籍记载的是元代始建。

在元代初年，当时的保州城，经宋元战争，已破烂不堪。当时张柔为汝南王，驻守保州，也就是后来的保定，决定复建此城。张柔在复建保定城时共建有4处园囿，其中种香园归自己占有，在当时叫“雪香园”，被作为张柔的部将乔维忠的别墅。

芳润园和寿春院为其他部将占有。在开凿莲池时引一亩泉河水入园，河水由城西水门经西渠入池，向南流出莲花池为东渠，经莲池书院泮池过南水门注入清苑河。自莲池开凿以来，院内的水一直是活水，常年清澈见底。

保定古莲花池

当时的万卷楼为副帅贾辅的藏书楼。当时张柔任保州元帅，贾辅任副帅。贾辅酷爱藏书，于兵荒马乱之中独喜收书：

> 南北之书皆入侯府，不啻数万卷焉。始贮于室，室则盈；贮于堂，堂则盈；乃作楼，藏之楼。

时人郝经受贾辅赏识，得尽读其藏书，成为元代著名的政治家和文学家，受到元世祖忽必烈的重用。

他在《万卷楼记》中说道：“私家之藏，几逾秘监，故贾侯之书甲天下。”

忽必烈（1215年～1294年），蒙古族，元朝的创建者，蒙古尊号“薛禅汗”，他青年时代便“思大有为于天下”。孛儿只斤·忽必烈建立了幅员辽阔的统一多民族国家元朝。他在位期间，建立行省制，加强中央集权，使得社会经济逐渐恢复和发展，是蒙古族卓越的政治家、军事家。

古莲花池亭子

这些家族随着元代的衰落也相继衰落了，他们的别墅在明代被征为公用，为水鉴公署，成为保定府衙办公人员办公和休息的场所。

1587年，保定知府查志隆对莲池进行过大修，还特地增建一门，上悬“水鉴公署”四字横匾。由于池内荷花茂盛，当地人俗称为“莲花池”，莲池名字便由此产生，清代正式命名为“莲花池”。

直隶总督 正式官衔为总督直隶等处地方提督军务、粮饷、管理河道兼巡抚事，是清朝9位最高级的封疆大臣之一，总管直隶、河南和山东的军民政务。而由于直隶省地处京畿要地，因此直隶总督被称为疆臣之首。

清代初期经过几度兴废，其优越的地理位置和优美的园内环境才被皇家认识到，被辟为皇家园林。经过直隶总督方观承彻底整修后才正式命名“莲池十二景”，莲池的发展达至顶峰，当时莲池的占地面积约有67 000平方米。

古莲池园林以池为主体，临漪亭为中心，主要建筑有水东楼、藏书阁、藻咏厅、君子长生馆、响琴榭、高芬轩、寒绿轩及临漪、濯锦、哂然、不如、六幢、观澜等亭，宛虹桥、曲桥和元建白石桥等，构成“湖中有景，景中含诗”的优美画卷，使人领略到古典园林之美。

古莲池园内琼楼玉阁，典籍文物，珠玑珍玩，以及奇花异卉，仙禽灵兽，画舫楼船，芙蕖香荷，尽托于山山水水之间，交织成画，交织成诗。

山、水、楼、台、亭、堂、庑、榭参差错落，组成了莲池十二景，博得了“城市蓬莱”的美称。

君子长生馆紧邻北塘西岸，半面建在水上。它典雅洁净，超凡脱俗，好似水中宫厅。正门高悬“君子长生馆”匾额，寓意君子之德，如池中出淤泥而不染，历久繁茂的莲花，与世长存。

该馆为歇山五脊庑殿式建筑，面阔5间，进深2间，四周庑廊环抱。隔扇门窗均为步步锦图案，苏式彩绘雕梁画栋，十分精美。

庑殿式 即庑殿式屋顶，由于屋顶有四面斜坡，又略微向内凹陷形成弧度，故又常称为“四阿顶”，宋朝称“庑殿”，清朝称“庑殿”或“五脊殿”，是我国各屋顶样式中等级最高的，高于歇山式。明清时只有皇家和孔子殿堂才可以使用，之后常用于各类别建筑。

古莲花池绿野梯桥

典故 原指旧制、旧例，也是汉代掌管礼乐制度等史实者的官名。后来一种常见的意义是指关于历史人物、典章制度等的故事或传说。典故这个名称，由来已久。最早可追溯到汉朝，《后汉书·东平宪王苍传》中记载："亲屈至尊，降礼下臣，每赐宴见，辄兴席改容，中宫亲拜，事过典故。"

正间前面突出有罗锅脊抱厦3间，抱厦之外有平台建于水上。馆南北有配房，一称"小方壶"，一称"小蓬莱"，益增其古色古香，优雅清幽之氛围。

藻咏楼是在莲池的水面中区填造的南北大小两岛。其北岛甚小，即笠亭所在之处。而由宛虹桥与北岛连接的南岛面积却约有两亩之大，俯视池塘，两岛中分水面。

这一改造，使水由西渠过丽然桥注入池后，原来自西向东的自然流向分为南北两大股。

北流直接向东，穿过曲径桥到水东楼前东渠出水口处。南流，自丽然桥向南，过课荣书舫，由西面环绕流过南岛，经南岛南侧的水塘，过东南渠穿含沧亭与北流会合后，共出东渠。

东、西出入水口处皆有小水闸，用以控制和调节池中水量。这样，池水形成了蜿蜒萦回的态势，又保

古莲花池藻泳楼

古莲花池碑廊

持了终年澄澈空明的效果。

藻泳楼坐落于南岛之西南，“前矗峻岩，后临芳渚，池水三面环之，嘉木扶疏以映阶，灵石隈佹以延牖。”楼为马鞍形双重檐脊，底层红柱明廊，栏槛迴绕。楼堂上下，棱窗锦幔。壁间字画琳琅，几上香薰冉冉。在当时，这里是分曹射覆和诗赋酬唱的场所。

由画廊复道可直接来到藻咏楼楼上，在此凭栏四望，园中诸景依次浮现眼前。当年著名学者章学诚登楼赏景，谓为“步移影转，处处叹绝”的赞美，道出了此楼的修造在于综览全园的妙旨。

由此进而可以想见，楼名“藻咏”的佳妙之处。藻咏楼下层当年名为“澄镜堂”，堂上悬有“理笏”两字匾额，此是出自“海岳拜石”的典故。

史载宋代著名书法家米芾曾出守无为军州，到任伊始，见衙署内有一巨大的太湖石，形状奇丑，大喜

分曹射覆 是写酒桌上娱乐的情景。曹，是古代度量衡的一种。分曹，就是将大家分组的意思。射覆是一种酒令游戏，射是猜测，覆是覆盖的意思。所谓“射覆”，就是在瓯、盂等器具下覆盖某一物件，让人猜测里面是什么东西。

道："此足以当吾拜！"

肃然整衣正冠，持笏下拜，并呼石为兄，后世因而留传下来这一典故。澄镜堂外也有巨石，可知这里也是赞石之意。

高芬轩在莲花池北面、哂然亭东，前有高大太湖石，镌刻篆字"太保峰"。西有金丝黄古柏，东有古槐藤萝，前临池水单檐卷棚布瓦顶。

轩面阔2间，内有穿廊复道，外有平台伸入水中，轩内北墙嵌清代康熙帝擘窠大字"龙飞"两字。

据志书记载，清代同治年以前此轩为双层楼阁，取"高芬远映"之意题名，是清同治"莲池十二景"之一，后毁于战火，遂改建为轩。

轩后是碑刻长廊，簏达33米间，内壁嵌有碑刻82方，分为3段。西段有14方，自明王阳明《客座私祝碑》至《蜀山图歌》，草书居多，其中有《罗汉赞》

笏 古代大臣上朝拿着的手板，用玉、象牙或竹片制成，上面可以记事。古时候文武大臣朝见君王时，双手执笏以记录君命或旨意，亦可以将要对君王上奏的话记在笏板上，以防止遗忘。大明规定五品以上的官员执象牙笏，五品以下不执笏。清朝开始，因为礼节和习俗的不同，笏板废弃不用了。

古莲花池高芬轩

保定古莲花池碑廊

《莲池十二咏》等；中段有14方，以行草居多，多为诗歌。

东段有42方，是著名的《淳化阁帖》碑刻，有晋王羲之、唐怀素及颜真卿、宋米芾、明王阳明及董其昌等书法大师之杰作。

响琴榭在莲花池园内西北角、莲花池之西岸。榭为3间，东南北三面为敞轩，中为明间，顶部平直，南北两次间顶部分别向两侧倾斜，结构灵巧。

榭下是当年引鸡距泉入池的渠道，称“响琴涧”，呈窄口阔底的几何形图案，上有响琴桥，流水击石，声若琴瑟。

榭东为哂然亭，又名“听琴楼”，气爽风清，是读书作画之地。响琴榭与响琴涧、响琴桥、哂然亭组成“响琴”一景，造型别致，构思独特，为清代同治年间“莲池十二景”之一。

碑刻 泛指刻石文字或图案。最早的碑刻文字，首推秦朝的“石鼓文”。多数的碑刻有毛笔写件兰本或书丹上石。但有些摩崖石刻及石窟往往不经书写而直接用刀在石面上雕琢。无底本的碑刻不容易揣摩书写的笔法，即使根据真迹上石镌刻，也常存在笔意走样。

碑记 是古代文体的一种。碑记又称"碑志"，刻在墓碑上，用于叙述死者生前的事迹，评价、歌颂死者功德。碑指碑铭，志指墓志铭，前者立于地上，后者则埋于地下。碑铭又分为墓志铭、封禅铭和景胜铭。

莲池还收藏着相当可观的经幢碑碣和石造像，它们大多被安置于东碑廊、壁刻长廊和水东楼南侧的木栏中，也有一些散置于园中的假山之上和庭院内、楼堂前，是一份十分珍贵的文化遗产。

一进园门，便可见到春午坡东厢8间碑廊内排立着的19通竖碑。其中有清代乾隆、嘉庆皇帝"巡幸"莲池时赐给直隶督抚疆臣的御制诗碑，有自1587年开始，历代修葺莲池或创办书院、设置行宫的碑记。

碑廊中还有莲池管理处收集来的清代康熙和道光年间立的《重建张光禄井亭碑铭》《张罗彦赞碑》和《那彦成紫光阁画像赞碑》等，在一定程度上反映了当时的历史状况。

1689年，直隶总督于成龙在张府花园旧址重建张罗彦殉难井亭，并亲自写碑文。至1849年，清廷再次于碑旁立了《赞张罗彦诗碑》。

古莲花池诗碑

水东楼南木槛内共有6通碑碣经幢，皆是移入莲池的文物珍品。其间的《田琬德政碑》和《王阳明诗碑》都有很高的书法艺术价值。

《田琬德政碑》刻于740年10月，碑高丈余，额篆文行，碑文29行，每行60余字，是田琬由易州刺史改任安西都护时，易州士绅纪念其"德政"而立的，碑由徐安贞撰文，苏灵芝书丹。

苏灵芝是武功人，生活于唐代开

元和天宝年间，曾任过易州录事。他的书法技艺对当世和后代都有很大影响。

古莲花池水东楼

宋代文学家欧阳修称誉苏灵芝为唐代写碑手，他写碑很多，但留传下来的已为数寥寥。此碑书体健美，笔法潇洒流畅，刚柔相济，是研究我国唐代行书法度的重要“唐碑”之一。

《王阳明诗碑》锲刻王阳明草书七绝两首，为王氏寓居庐山时所作。1682年，保定浙绍会馆修建王阳明祠堂时，其再传弟子魏莲陆将自己珍藏的两诗真迹献出，请人刻石成碑，立于祠堂中。此碑高丈余，碑阳为《天池月下闻雷诗》：

昨夜月明峰顶宿，隐隐雷声在山麓。
晓来却问山下人，风雨三更卷茅屋。

碑阴为《夜宿天池诗》：

野夫权做青山主，风景朝昏颇裁取。
岩傍日晴半溪云，山下雷声一村雨。

王阳明是明代著名哲学家，其书法艺术也颇具独特风格。此碑字大径尺，笔力雄健苍劲，章法谨严，

欧阳修（1007年～1072年），字永叔，号醉翁，晚号“六一居士”，吉州永丰人，因吉州原属庐陵郡，喜欢以“庐陵欧阳修”自居。谥号文忠，世称“欧阳文忠公”。他是北宋卓越的政治家、文学家和史学家，与韩愈、柳宗元、王安石、苏洵、苏轼、苏辙、曾巩合称为“唐宋八大家”。

气度非凡，和诗文交融一体，堪称“艺林双璧”。

这两通碑的后面是明代所刻的《河图碣》和《政训碑》。《河图碣》正面刻河图，背面刻历朝更迭简表。

《政训碑》是1564年，监察御史徐瓖巡按保定时留下的训政诗文，由保定知府和清苑知县会衔刻立于府衙庭院之中的。碑文分政训和民隐两部分。政训告诫父母官行政要知大体，驭吏要察隐微，使民要知甘苦，自奉要尝辛味。

民隐是4首民情诗，两者内容都是晓谕官吏随时体察民间疾苦，从而做廉洁奉公、忠君勤民的称职官员。

在碑北侧还立着两幢珍贵的西夏文陀罗尼经幢，两经幢均由幢帽、幢身和基座三部分组成，且保存完整。幢身为八棱状，上面刻有西夏文字的陀罗尼经。两经幢皆刻于1502年。

西夏党项族是我国古代的少数民族之一，宋朝初年在我国西北部曾建立了西夏国，历时达200年之久。13世纪初，成吉思汗西征时灭掉西夏。元朝统一我国后，党项族被列为色目人之一。

保定古莲花池碑廊

明朝朝廷也曾吸收一些色目人参加国家的政事，另一方面，实行不准其本民族通婚，鼓励与汉人同化的政策，因而该族逐渐迁徙内地。但是同化有一个过程，党项族在相当长的时间内还保留着本民族的习惯和使用本民族的文字。

保定古莲花池

经幢的发现，证明了至明代中叶党项族尚未消失。幢文所涉及的近百个人名中，既有汉族姓氏，又有党项族姓氏，而且一些党项人还担任一定官职，从中反映了此阶段该族与汉族最后融合的情况。

濯锦亭西有长达33间的半壁廊，廊壁上嵌有3段82通碑刻，其中主要部分即著名的《莲池书院法帖》。清代末期书院南楼被焚毁后，这些法帖石刻被移嵌在半壁廊廊壁上。在莲池园的藏石刻中，大部分的法书名刻荟萃于此。

阅读链接

在春午坡、篇留洞、红枣坡等山间亭内，间或还可见到乾隆皇帝的巡幸诗刻石和辽、金、元代的经幢。特别是莲池管理处收集到北宋元祐年间蔡京书驻保定军政官员《贺李升迁诗碑》一通，现存于水东楼后。

蔡京是宋代的书法家，当时与苏轼、黄庭坚、米芾等人齐名，由于政声狼藉，列传奸佞，传世的墨迹不多，刻石更为少见，此碑的发现对研究其书法艺术具有相当的价值。

莲池书院和清末状元

古莲花池濯锦亭

雍正时，直隶总督李卫在此设立莲池书院，为直隶省唯一的高等学府。

莲池书院建于1733年，位于莲花池西北角，占地五六亩，有门户与万卷楼相通。后来黄彭年请求直隶总督李鸿章将万卷楼划归莲池书院，供书院藏书之用。

贾辅当年建万卷楼就是为了藏书，但是他的藏书到清代初年已流散尽了。

莲池书院建立之后，雍正皇帝御赐过一些书籍，

古莲花池美景

直隶总督方观承也曾拨款购书400函。但是至咸丰年间，这些藏书大多散佚。

至光绪年间，李鸿章曾拨银1500两，购书33 710卷，藏于万卷楼，使莲池书院的藏书量达到历史顶峰。但好景不长，后来在一场劫难中被烧毁了大半。

莲池书院于清代末期开设“古学”，又招收日本和朝鲜的留学生，并开办东文和西文两学堂。由于都是名师讲学，加上统治者的重视，莲池书院的学生在清政府举办的科举考试中成绩优异，清代著名的金石专家毕沅曾在莲池书院学习，清代最后一名状元刘春霖就是在莲池书院毕业的。

莲池书院名声很大，以至于要求来此学习的学者不绝如缕。由于书院容量有限，通常只能容纳四五十人学习、住宿，许多人只得失望而归。

1669年，直隶巡抚衙门自正定迁到保定后，莲池书院位于省城又是名师荟萃之地，所以备受统治者重

科举考试 隋唐到清代的封建王朝分科考选文武官吏及后备人员的制度。隋代以前采用的九品中正制选拔官员的制度导致出身寒门的普通人无法步入仕途，隋朝开始改为科举制，使得任何参加者都有成为官吏的机会。清代科举考试逐渐僵化，被称为八股文，后废除。

古莲花池美景

视，莲池书院成了直隶重要的文化和教育中心。

莲池在乾隆时改建行宫，为此对莲池进行了大修，由直隶总督方观承主持。方观承任直隶总督期间政绩突出，深得乾隆皇帝的信任。1751年开始大规模兴建莲池行宫，共12景观，使莲池的发展达到全盛。

"莲池十二景"景名各有所据，大都根据一定的典故和景点特点而命名。濯锦亭在春午坡西南侧，南临荷塘。此亭的命名源出于唐代大诗人杜甫的一首诗——《萧八明府实处觅桃栽》诗末句"濯锦江边未满园"的前两字。

相传在杜甫成都住所旁边的浣沙溪漂洗织锦，能使锦彩鲜艳异常，所以叫"濯锦江"。濯锦亭为张柔部将乔维忠所建，建成后其侍女经常在荷塘浣纱，故参照杜甫的诗句起名为"濯锦亭"。

绿野梯桥在寒绿轩西，纵跨南塘上，建于元代，为汉白玉砌成的三孔石桥。为园内唯一的元代建筑，人称"白石桥"。

据《新唐书·裴度传》记载，唐代著名宰相裴度平定藩镇叛乱有功，晚年因宦官专权，辞官退居洛

直隶 我国旧省名。宋制，地方行政机构以州令用劲，其直属京师者称直隶。元不属诸路及宣慰司或行省的府县，也称直隶。明清时期不属府而直属布政司的州称"直隶州"，后来特指河北省。

阳。于午桥建别墅，取名“绿野堂”。

又据《旧唐书·裴度传》记载：

东都立第于集贤里，穿山凿池，竹木丛翠；有风亭、水榭、梯桥、架阁，岛屿回环，极都城之胜概。

绿野梯桥的命名即由此而来。其他景名也是依据历史典故和景点特点命名的。

后来的清代嘉庆、光绪和慈禧也都来过这里。在历史上，莲池无论是作为私人的别墅，还是作为御苑的行宫，都是严禁外人出入游览的。

在作为行宫的日子里，就是办事人员进入莲池也要携带特制的“腰牌”，经门吏验明之后才能进入，与进入皇宫的要求是一样的。

园林为皇家独有和独享。后来，直隶督军曹锟的

腰牌 古代的帝王宫殿门禁森严，朝廷军政臣吏、皇亲国戚以及当差行走即使可以出入也必须持有出入证。腰牌就是我国古代官吏系在腰间证明其身份，常用作出入宫廷备查的通行证。历朝历代腰牌的质地、款式、规格、铭文等虽有所区别，但作用却是相同的。腰牌是从宋代开始的。

绿野梯桥

保定古莲花池

弟弟曹锐将莲池改为“古莲花池”。

莲池书院建成之后，培养了很多经天纬地的治世贤才，出现了很多状元，刘春霖就是其中的一个。

刘春霖，字润琴，号石云，生于直隶河间府肃宁北石宝村一个普通的农民家庭，考中秀才之后进入保定莲池书院学习十载，后成为乙酉科拔贡生，又以优贡生中式顺天府乡试举人，得以参加在礼部贡院举行的会试。

5月21日殿试在皇宫保和殿举行，一般仅考策问一场，时间一天，刘春霖与众贡生清晨入场，黄昏交卷，各阅卷官经过两天审阅，“读卷官”评阅试卷，挑出10份最好的卷子，排定第一至第十名的名次。

24日晨，由皇帝主持，听“读卷官”讲读前10名卷子后，又将试卷呈送慈禧太后，这位独揽大权的西太后对殿试文字重尚楷法，尤喜疏淡而恶乌方，她以自己的好恶定优劣。

第一份试卷是朱汝珍的。试卷之字圆润浑厚，稳重饱满，只是用笔太重。

慈禧看了，连连摇头，再看姓名，心头猛震。因为他名字中有个“珍”字，顿时联想到被害死

秀才 隋朝开始开科取士，最初也为取秀才。至唐代初期，秀才是常科考试的一种，一度变成了读书人的泛称。至宋代时，凡经过各地府试者，无论及第与否，都可以称为秀才。明清时期，秀才是经过院试，得到入学资格的“生员”的俗称。得到秀才资格，是进入士大夫阶层的最低门槛。

的“珍妃”，而“朱”又是被清朝消灭的王朝统治者的姓，很是厌恶。再看籍贯是广东，又联想到洪秀全等搅得大清江山不稳的人物，她绝不会再让一个广东人做状元来添乱。

于是，翻开第二份刘春霖的试卷，慈禧一看其字疏淡娟秀，先有几分喜欢，便仔细端详起来，并自言自语道：“刘春霖，春霖，春霖……”若有所思。

当时正值大旱，举国焦虑。刘春霖的名字使她想到“春风化雨，普降甘霖”，认为这是吉祥之兆，面露喜色。看到刘春霖的籍贯是直隶肃宁时，连连说道：“肃宁，肃宁，肃靖安宁。”

这正符合她刚刚饱尝八国联军之苦后渴盼肃靖安宁的心态。于是，她停止阅卷，拿定了让此人做状元的主意。

按大清的典制，状元是要由皇帝御笔亲点的。慈禧为了避免众议，便下令送光绪皇帝点状元。

殿试 为宋、金、元、明、清时期科举考试之一。即指皇帝亲自出题考试。目的是对会试合格区别等第，殿试为科举考试中的最高一段。由武则天创制，宋代始为常制。明清时期殿试后分为三甲，一甲三名赐进士及第，通称“状元”“榜眼”“探花”，二甲赐进士出身，第一名通称“传胪”，三甲赐同进士出身。

保定古莲花池风光

光绪当时已被她软禁瀛台，只能揣摸慈禧意图办事，由他点状元不过是走走过场，便点了放在最上面的试卷刘春霖。

这样，刘春霖被钦定甲辰科殿试第一甲第一名，即状元。就在刘春霖金榜题名后的次年，清朝朝廷宣布“停止科考，推广学校”，科举制度的废除，使出身农家的刘春霖成为我国历史上的最后一位状元，他因此戏称自己为“第一人中的最后人”。

中状元后，刘春霖被授翰林院修撰，次年派到日本东京政法大学留学。归国后，历任资政院议员、记名福建提学使、直隶高等学堂提调和直隶女子师范学校监督等职，后来退隐寓居北平。

在之后的国家危难之中，刘春霖保持了崇高的民族气节，为世人所称颂。

阅读链接

李卫其实并非科举出身，而是靠出钱捐了个监生资格。他身体魁梧，身高2.2米，膀大腰圆，膂力过人。据说，他的两个鼻孔中间相通，麻子脸，而且麻点有铜钱大小。

李卫好习武，召兵设勇建营，专门练搏击拼刺之法。每当捕盗之时，李卫都要身披金甲，亲自登台指挥。李卫还向雍正主动请缨，要到军前冲锋陷阵，但雍正却批示说，这些事还轮不到你。

李卫秉性刚直，不畏权贵。他任户部郎中管理银库事务时，有位亲王的属下对于收缴的白银都要每千两额外加收10两作为库平银。李卫坚决反对，但亲王属下执意要收，李卫就将银柜抬到廊下，写上这是某某亲王的“盈余”，指明是非法收入。亲王闻此大惊，下令停收库平银。雍正也正是欣赏李卫的这一点，即位后才对他大加重用。